JÖRG PORSIEL | HENNING THOBABEN

Braunschweiger Geheimnisse

SPANNENDES AUS DER LÖWENSTADT
MIT KENNERN DER HEIMATGESCHICHTE

BRAUNSCHWEIGER
ZEITUNG

Porsiel, Jörg; Thobaben, Henning;
Braunschweiger Geheimnisse – Spannendes aus der Löwenstadt - mit Kennern der Heimatgeschichte

BRAUNSCHWEIGER ZEITUNG in Kooperation mit:
Bast Medien GmbH, St. Ulrich-Str. 11, 88662 Überlingen (verantwortlich)
2. Auflage 2023
ISBN: 978-3-946581-90-1

Lektorat: Bärbel Mäkeler
Covergestaltung: Melanie Kunze
Layout: Melanie Kunze
Satz: Melanie Kunze
Druck: Mohn Media Mohndruck GmbH, Gütersloh

Ein Titel der preisgekrönten Reihe *Geheimnisse der Heimat*

Inhalt

Vorwort

Es macht den Reiz von Geheimnissen aus, dass sie zuweilen ans Licht geholt werden und dennoch für einen Hauch geheimnisvoll bleiben. Besonders Städte sind ein wahrer Quell für Legenden, die es zu lüften gilt: Liefern sie uns doch mit all ihren Relikten, Gebäuden und Orten aus alten Zeiten Standbilder längst vergangener Epochen, verkörpern gleichzeitig aber den Wandel, stehen für Vergänglichkeit und Neuanfang.

Für mich, als Kind dieser Region, das leidenschaftlich gern zwischen Harz und Heide zu Hause ist, sind die „Braunschweiger Geheimnisse - Band 2" mehr als reizvoll: Weitere 50 spannende Geschichten aus der Löwenstadt von Jörg Porsiel und Henning Thobaben – sie sind mir eine echte Herzensangelegenheit.

Die geheimnisvolle Aura, die jede dieser Geschichten umgibt zu erspüren und mit eigenem Erleben in Verbindung zu bringen, das macht die Lektüre dieses Werks so besonders. Ja, der Charme von Braunschweig, mit all seinen Traditionsinseln, dem vielen Grün, dem vielen Wasser und des Sommers diesem Hauch von Dolce Vita auf unseren schönen Plätzen – wer ihm erliegt, bleibt dieser Stadt treu. Nicht selten ein Leben lang. Wahre Liebe – manchmal auch erst auf den zweiten Blick. Denn „brüllend" ob all ihrer Stärken kommt die Löwenstadt selten daher, eher etwas zu leise. Dabei greift es viel zu kurz, sich auf die statistische Auflistung der Sehenswürdigkeiten und Attraktionen zu beschränken. Braunschweig verdankt sein Profil seiner Historie, der dynamischen Entwicklung zum Wirtschafts- und Handelsstandort von Rang, dem vielfältigen Kulturangebot sowie der großartigen Forschungs- und Wissenschaftslandschaft. Die Atomuhr der Physikalisch-Technischen Bundesanstalt, der Dom, die Burg, das wiederaufgebaute Schloss, die sagenhafte Kunstsammlung im Herzog Anton-Ulrich-Museum und natürlich auch „unsere Eintracht", mit der wir durch dick und dünn gehen, sind nur einige Punkte auf der Visitenkarte der Oker-Schönen.

Immanuel Kant, einer der bedeutendsten Philosophen, hat Königsberg, das heutige Kaliningrad, wohl nie verlassen. 1724 in der Stadt nahe der Ostsee geboren, ist er dort im Alter von 79 Jahren verstorben. Viele eingefleischte Braunschweiger sind gewissermaßen auch „Kantianer", denn sie fühlen sich in ihrer Heimatstadt und dem Braunschweiger Land und der ganzen Region offenkundig wohl und zuhause. Das im Übrigen ist kein Geheimnis, sondern ein Zeichen von Lebensqualität.

Herzlichst, Ihre

Kerstin Loehr
Chefredakteurin Braunschweiger Zeitung

Die Autoren

Jörg Porsiel wurde 1961 in Braunschweig geboren und hat dort auch bis zum Abitur gelebt. Nachdem er durch Studium und Beruf 20 Jahre lang in mehreren Ländern Europas tätig war, kehrte er 2003 durch Zufall in seine Heimatstadt zurück, wo er seither wieder lebt. Beruflich befasst er sich mit künstlicher Intelligenz in Form von neuronaler maschineller Übersetzung. Er ist Herausgeber zweier Fachbücher zu diesem Thema und hat als Autor in nationalen und internationalen Fachzeitschriften publiziert und national und international darüber Vorträge gehalten. In seiner Freizeit gilt sein Hauptinteresse der Geschichte seiner Heimatstadt. Außerdem befasst er sich seit Jahrzehnten mit der Geschichte seiner Familie, die seit über 450 Jahren in der Region ansässig ist. Jörg Porsiel ist Mitglied im 1901 gegründeten Braunschweigischen Geschichtsverein und hält gelegentlich Vorträge über sein Hobby.

Henning Thobaben, Jahrgang 1977, ist in Braunschweig geboren und aufgewachsen. Nach dem Abitur studierte er Politikwissenschaften, Soziologie und Neuere Geschichte an der TU Braunschweig. Ab 2006 arbeitete er als freier Journalist für die Braunschweiger Zeitung und weitere Medien. In den Jahren seiner freiberuflichen Tätigkeit weckten auch viele lokalgeschichtliche Themen das Interesse des Autors. Dabei lernte er Menschen in der Stadt kennen, die ihm nun als Geheimnispaten für die Beiträge dieses Buches zur Seite standen. Seit Juni 2023 ist der Journalist als Redakteur für die Funke Mediengruppe tätig.

1950

Eulenspiegel

Schelmenstück von 1950

Das Ding verschwindet! Sofort!", soll seinerzeit der erzürnte Chef eines Steinmetzbetriebes aus Schöningen im Elm gegenüber seinen drei Mitarbeitern wütend ausgerufen haben, als er deren Werk entdeckte. Jener Chef befürchtete nämlich, Ärger mit seinem Auftraggeber, der Braunschweigischen Staatsbank, zu bekommen. Das war im Jahr 1950.

Aber: Um was für ein Ding ging es beziehungsweise um was geht es denn nun eigentlich? Die Wahl-Braunschweigerin Bärbel Mäkeler weiß es: „Um ein echtes Schelmenstück!", meint sie augenzwinkernd. „Und um eine charmante kleine Geschichte aus dem Braunschweig des Jahres 1950 – also der frühen Nachkriegszeit in der schwer zerstörten Stadt Heinrichs des Löwen."

Um dieses Schelmenstück – oder den Schelm – zu entdecken, muss man schon genau hinsehen. Er befindet sich in luftiger Höhe an einem großen Pfeiler am viel befahrenen Bohlweg, einer der Hauptverkehrsadern der Innenstadt, am 1913 fertiggestellten Gebäude des Braunschweigischen Staatsministeriums. Später waren hier die Braunschweigischen Staatsbank und die Bezirksregierung Braunschweig beheimatet und den Zweiten Weltkrieg hatte das Gebäude weitgehend unzerstört, aber dennoch beschädigt, überstanden. In den ersten Nachkriegsjahren wurden diese Schäden – unter anderem an Dach, Fassaden und an Fenstern sowie Mauerwerk – nach und nach beseitigt, sodass Beamte des Landes Braunschweig und Bankangestellte schließlich wieder in die Gebäude einziehen konnten.

Und nun beginnt das, was die Wahl-Braunschweigerin eine „charmante kleine Geschichte" nennt. Sie geht so: „Ein Steinmetzbetrieb hatte den Auftrag, Kriegsschäden an der Fassade der Braunschweigischen Staatsbank am Bohlweg zu beseitigen. Dazu sollten Platten aus Elmkalksandstein verwendet werden. Die Arbeiten waren mehr oder weniger abgeschlossen, da gingen die Lehrlinge Felix und Ulli zu ihrem

Keineswegs verschwunden, sondern immer noch zu sehen: das Schelmenstück.

Meister und sagten ihm, sie wollten gern einen Ulenspiegel – das ist Plattdeutsch für Till Eulenspiegel – als ‚Zeichen' in der Stadt zurücklassen."

Warum ausgerechnet Till Eulenspiegel? Nun, der sagenumwobene Schalk aus dem Spätmittelalter ist aus der Geschichte der Stadt und des Landes Braunschweig nicht wegzudenken. Till soll den Bürgern der Stadt im Mittelalter eine Menge zum Teil recht derbe Streiche gespielt haben, die schon früh in Büchern festgehalten wurden. Es gab und gibt zahlreiche Hinweise auf den Ulenspiegel im Stadtbild – allen voran der *Eulenspiegel-Brunnen* (siehe Geheimnisbuch 1) am Bäckerklint. Dort stand bis zu seiner Zerstörung im Zweiten Weltkrieg auch das Eulenspiegel-Haus.

Bärbel Mäkeler mit dem kaum erkennbaren Till Eulenspiegel weit oben im Hintergrund.

„Die Idee der beiden Lehrlinge fiel bei ihrem Meister auf fruchtbaren Boden und nur wenige Minuten später hatte dieser eine Skizze angefertigt, die die beiden nur noch als Vorlage auf die Säule zu übertragen brauchten. Und wiederum kurz darauf war Tills Kopf samt Narrenkappe in Sandstein verewigt und darunter kam noch die Jahreszahl 1950", weiß die Germanistin zu berichten.

Breit lächelnd blickte nun der stadtbekannte Schelm auf die Stadt – wahrscheinlich, ohne dass die Passanten ihn bemerkten. Aber der Chef der Steinmetze – nicht der Meister, der ja mit Felix und Ulli unter einer Decke steckte – sah ihn und ordnete wutschnaubend an, dass dieses Schelmenstück sofort zu verschwinden habe. „So kam es", fährt

Mäkeler fort, „dass das Konterfei, kaum dass es erschaffen, schon wieder unter Mörtel verschwand – zum Bedauern aller Beteiligten."

Ganze 16 Jahre blieb der Streich im wahrsten Sinn des Wortes verborgen, doch setzten Wind und Wetter und vor allem Regen dem Putz derart zu, dass dieser Mitte der 1960er-Jahre abbröckelte und das bis dahin Verborgene wieder sichtbar machte. Die *Braunschweiger Zeitung* machte es sich damals zur Aufgabe, „Ross und Reiter" ausfindig zu machen, also diejenigen, denen seinerzeit offensichtlich der Schalk im Nacken gesessen hatte. Und siehe da: Nach einem Zeitungbericht meldete sich der alte Meister und erzählte die Geschichte von den Lehrlingen Felix und Ulli. Von der Braunschweigischen Staatsbank hieß es damals, man wolle die Eulenspiegelei erhalten. Und so geschah es dann auch.

So lächelt nun also seit über 70 Jahren der Schelm über die Köpfe all jener hinweg, die hier am Bohlweg vorüberhasten, -gehen oder -fahren. „Charmant!", meint Bärbel Mäkeler.

Jörg Porsiel

So geht's zum Eulenspiegel:

Das Gebäude steht zwar am Bohlweg, hat aber als Anschrift Dankwardstraße 1. Eulenspiegels Konterfei findet sich in luftiger Höhe von etwa fünf Metern an einem Pfeiler auf der Nordseite, oberhalb eines kleinen Parkplatzes zwischen den Straßen Hagenscharrn und Steinweg, Richtung Schloss.

Dreispitz

Handwerkerandenken in luftiger Höhe

Auf dem Kohlmarkt lässt sich nicht nur gut Kaffee trinken und städtisches Flair genießen. Es gibt auch viel Historisches zu sehen. Da ist an der Ecke Schuhstraße das *Haus zur Rose* mit seiner mit Inschriften geschmückten Front von 1590. Direkt gegenüber steht das mittelalterliche *Haus zur Sonne*, das 1885 von Architekt Constantin Uhde einen Renaissance-Stil verpasst bekam. Und natürlich gehört auch das *Haus Leuen Turm*, der Löwenturm, dazu. Der Legende nach ließ der Rat der Stadt hier ein lebendiges Exemplar des Braunschweiger Wahrzeichens halten. Das Geschäftshaus an der Ecke direkt gegenüber kommt hingegen eher unauffällig daher. Wer einen kurzen Blick gen Dach wirft, könnte denken: eine merkwürdige Antenne dort oben. Aber das Objekt in luftiger Höhe hat mit Technik nichts zu tun – sondern ebenfalls mit der Historie.

„Das ist ein Dreispitz oder Dreitimpenhut. Das Symbol soll an die Hutmacher-Gilde erinnern. Viele entsprechende Handwerker hatten früher in dieser Gasse ihre Werkstätten", klärt Peter Matuschak auf. Die Lage habe sich im mittelalterlichen Braunschweig angeboten, erläutert der Stadtführer. Schließlich seien die Gewandschneider mit ihrer im Gewandhaus am Altstadtmarkt gelagerten Ware nicht weit entfernt gewesen. Dort hätten sich auch die Hutmacher mit Filzstoff für ihre Produkte eingedeckt. Die Verarbeitung dieses Stoffes habe ihnen die Bezeichnung Hutfilzer verschafft.

Fakt ist, dass die heutige Straße Hutfiltern bereits früh an einer Kreuzung zweier wichtiger Handelsstraßen verlief. Auf der einen Straße floss der Verkehr zwischen Köln, Minden und Hildesheim nach Magdeburg. Auf der anderen Straße zogen die Händler von Frankfurt durch die Wetterau nach Göttingen über Braunschweig und Lüneburg bis hoch zu den Küstenstädten.

Hut ab – Peter Matuschak zieht den seinen vor dem Gildensymbol auf dem Gebäude am Hutfiltern.

Die für 1427 belegte Bezeichnung *in den hotwelkeren* weist auf das Walken, das Verfilzen von Stoffen, hin. Mit dem 1462 dokumentierten *in den hotfiltern* wird der Bezug zwischen Straße und den dort ansässigen Hutmachern noch deutlicher. Allerdings gehen diese Betitelungen aus Urkunden hervor, in denen die Schreiber den Ort von zu beurkundenden Rechtsgeschäften fixierten. Offiziellen Charakter hatten sie nicht, verbindlich festgelegte Straßennamen gab es im Mittelalter und in der frühen Neuzeit noch nicht.

Aus luftiger Höhe grüßt der Dreitimpenhut.

Die Hutmacher gehörten damals zu den ärmeren Vertretern des Schneiderhandwerks. Lediglich die Herstellung von Mützen, Kappen und Hüten war ihnen vorbehalten. „Ab dem 17. Jahrhundert wurde der breitkrempige Dreitimpenhut das Erkennungszeichen der Bortfelder Bauernschaft", berichtet Matuschak. Wann das Gildensymbol auf das Dach des Gebäudes kam, ist unklar. Tatsache ist, dass der Dreispitz im 18. Jahrhundert den Höhepunkt seiner Popularität erreichte und Bestandteil von Zivilkleidung und Militäruniformen wurde. Auf Zeichnungen und Fotos aus der Zeit um Mitte des 19. Jahrhunderts soll das Hutsymbol bereits auf dem Gebäudedach zu sehen sein.

Henning Thobaben

So geht's zum Dreispitz:

Die Straße Hutfiltern führt vom Kohlmarkt nach Osten Richtung Damm und Münzstraße. Das Symbol der Hutmacher-Gilde befindet sich auf dem Dach des Eckhauses an der Einmündung der Straße Hutfiltern auf den Kohlmarkt.

Hier wurde einst gebadet: Das ehemalige Volksbrausebad in der Ferdinandstraße heute.

03

Volksbrausebad

Badetag anno dazumal

Das Haus direkt an der Ferdinandbrücke fällt sofort ins Auge: Es ist quadratisch und verfügt über eine Art Türmchen. Obgleich es offenbar bewohnt ist und auch einen Balkon hat, sieht man ihm an, dass es ursprünglich nicht als Wohnhaus konzipiert war.

Dieses ungewöhnliche Bauwerk hat eine interessante Geschichte: Sie beginnt Ende des 19. Jahrhunderts, in einer Zeit, in der ein eigenes Badezimmer absolut unüblich war. Zu dieser Zeit waren die hygienischen Verhältnisse – nicht nur in Braunschweig, sondern generell in Deutschland und anderswo – weit von dem entfernt, was wir heute kennen. Das heißt, in den meisten Häusern und Wohnungen, vor allem in jenen Wohnquartieren, in denen nicht nur die überwiegende Mehrheit, sondern vor allem auch die Einkommensschwächeren wohnten, lebte niemand in einer Wohnung mit eigener Toilette, Dusche oder gar Badewanne. Ganz im Gegenteil: Gemeinschaftstoiletten befanden sich bei manchen vielleicht schon eine halbe Treppe tiefer im Treppenhaus, aber die Mehrheit musste sich oft in verwinkelten dunklen Hinterhöfen eine Toilette mit zahlreichen anderen Bewohnern teilen.

So waren die hygienischen Verhältnisse schlecht, denn selbst warmes Wasser und ein Stück Seife waren für viele so teuer, dass sie auch darauf verzichten mussten. Die Folge war, dass im Laufe der Jahrhunderte immer wieder gefährliche Krankheiten wie Typhus die Großstädte heimsuchten. So zum Beispiel 1850, als die ansteckende und tödliche Cholera in Braunschweig ausbrach und viele Einwohner daran starben.

Hier beginnt nun die Geschichte des besonderen Hauses in der Ferdinandstraße: In den späten 1880er-Jahren gründete sich in Braunschweig der *Verein für das Wohl der arbeitenden Klassen*. 1890 wurde er Betreiber des nach Plänen des bekannten Braunschweiger Architekten Constantin Uhde (1836-1905) entworfenen *Volksbades* in der Ferdinandstraße – des ersten seiner Art in der Stadt. Übrigens: Der gedrungene Turm auf dem Dach diente der Be- und Entlüftung des Gebäudes.

> ***„In den späten 1880er-Jahren gründete sich in Braunschweig der Verein für das Wohl der arbeitenden Klassen. 1890 wurde er Betreiber des Volksbades in der Ferdinandstraße – des ersten seiner Art in der Stadt."***

Das neue *Volksbad* bot gegen wenig Geld Wannen- und Sitzbäder an und duschen konnte man dort auch. Für das geringe Eintrittsgeld von einigen Pfennigen erhielt jede Person ein Handtuch (gegen Pfand) und ein kleines Stückchen Seife. Das *Volksbrausebad*, wie es die Leute bald nannten, erfreute sich umgehend großer Beliebtheit bei der Bevölkerung. Die Leute standen Schlange, um baden oder duschen zu können. Der Erfolg war so groß, dass 1895 in der Kaiserstraße (nahe der Andreaskirche) und 1903 in der Ritterstraße (im Magniviertel) zwei weitere dieser Volksbäder eröffneten. Den größten Andrang verzeichneten die Bäder übrigens immer am Wochenende, dann war nämlich für viele Badetag. Ganze Familien traf man zu jener Zeit in diesen drei Badehäusern an.

Das Volksbad in der Kaiserstraße wurde im Zweiten Weltkrieg zerstört, aber die in der Ritter- und in der Ferdinandstraße überstanden den Krieg und wurden erst 1969 geschlossen, denn nun hatten die meisten Menschen ein eigenes Bad zu Hause.

Beide Gebäude stehen noch: Das in der Ferdinandstraße ist heute ein Wohnhaus und am Haus in der Ritterstraße ist noch heute der Schriftzug *Volks-Bad* deutlich zu erkennen.

Jörg Porsiel

So geht's zum Volksbrausebad:

Zwei Wege führen dort hin: über die Sophienstraße, Ecke Cammanstraße und dann über die Ferdinandbrücke oder über den Wilhelmitorwall in die Ferdinandstraße.

Nische

Scharfrichter und Bordell kamen später

Sie sind etwa 40 mal 40 Zentimeter groß und ebenso tief. Nach obenhin laufen sie spitz zu. Die Spitze wird von zwei roten gebrannten Ziegeln gebildet. Zu finden sind diese beiden kleinen Nischen in einer etwas größeren. Doch der Reihe nach: „Wir gehen jetzt zu einem Keller aus dem 13. Jahrhundert", sagt Michael Geschwinde und steigt eine moderne Betontreppe hinab, die, so der erste Eindruck, wohl in eine Tiefgarage führen dürfte. Tatsächlich ist sie noch keine 20 Jahre alt. Unten angekommen steht man vor einer großen Nische aus Beton – ebenjener, in der auch die beiden kleinen auszumachen sind. „Das sind die gut erhaltenen Reste eines aus Feldsteinen gemauerten Kellers, den wir bei Ausgrabungen im Jahr 2000 gefunden haben", fügt der Archäologe hinzu und zeigt dabei in die Nische, in der sich ein Mauerrestequadrat aus dem Hochmittelalter befindet. Dass der Keller original, das heißt, wie bei der Ausgrabung freigelegt, erhalten bleiben konnte, ist der engen Zusammenarbeit zwischen dem Architektenehepaar Hartmut und Ingeborg Rüdiger und der Denkmalschutzbehörde der Stadt Braunschweig zu verdanken. Derartige Beispiele für die Integration archäologischer Funde in etwas Neues sind in den großen Städten, wo Baugrund teuer ist, leider nur selten möglich.

Die Reste des Kellers, drei Wandseiten aus großen und kleinen Kalksteinen und ein Mauerrest, zum Teil aus gebrannten Ziegeln errichtet, befinden sich in der Echternstraße, im historischen Weichbild Altstadt. „Die Echternstraße zählt zu den ältesten Straßen der Stadt", weiß Geschwinde zu berichten. „Was wir hier bei den Grabungen gefunden haben, bevor ein Neubau darüber errichtet wurde, zeigt uns ein ganz anderes Bild dieses mittelalterlichen Wohnquartiers in unmittelbarer Nähe zur alten Stadtbefestigung. Landläufig heißt es immer: ‚Im Nachtjackenviertel an der Echternstraße haben nur arme Leute gewohnt.' Die Ausgrabungen zeigen aber, dass dem nicht immer

Geheimnisvoll: Was hat es mit dieser kleinen Nische auf sich?

so war. Im 13. Jahrhundert war hier ein Wohnquartier mit durchaus luxuriöser Bebauung entstanden."

Michael Geschwinde ist als Bezirksarchäologe auch für die Stadtarchäologie in Braunschweig zuständig und das schon seit den 1990er-Jahren. Er kennt sich in Braunschweigs Unterwelt bzw. bei dem, was sich in Braunschweig unter der Erdoberfläche befindet, aus wie kaum ein Zweiter. „Tatsächlich haben wir herausgefunden, dass einige der Häuser hier sogar über luxuriöse Heißluftheizungen im Fußboden verfügten. In einem der ausgegrabenen Hausreste muss sich der Handwerksbetrieb eines Goldschmiedes oder wenigstens doch Feinschmiedes befunden haben, denn dort haben wir zum Beispiel Gussformen gefunden." In einem der Häuser hatte auch das Stift Steterburg seine städtische Niederlassung. Und er fügt noch hinzu: „Erst so um das 16. Jahrhundert herum scheint sich hier ein innerstädtischer demografischer Wandel vollzogen zu haben, denn es ist belegt, dass zu dieser Zeit der Scharfrichter, also der Henker der Stadt Braunschweig, hier wohnte und nicht allzu weit von seinem Wohnhaus gab es auch das Bordell. Das zeigt, dass sich die Wohnsituation grundlegend geändert haben musste, denn in der Nähe des Henkers oder eines Bordells wollte niemand wohnen – außer eben den Armen, denn die konnten es sich nicht leisten, wählerisch zu sein, sondern mussten nehmen, was sie kriegen konnten!" Der soziale Absturz des Quartiers war für die Archäologen ein Glücksfall, denn während fast überall in der Stadt im 17. und 18. Jahrhundert große neu errichtete Keller an die Stelle ihrer mittelalterlichen

Michael Geschwinde betrachtet die Reste der zwei Wandnischen.

Vorgänger traten, blieben an der nunmehr armen Echternstraße die Keller aus dem 13. Jahrhundert weitgehend erhalten und wurden teilweise noch bis zur Zerstörung der Häuser am 15. Oktober 1944 genutzt.

So weit, so spannend. Aber was hat es nun mit den beiden kleinen Nischen auf sich, die aussehen wie winzige Häuschen? „Das sind Lichtnischen", löst der Experte das Rätsel. „Da haben die Leute, wenn sie in den Keller gingen, ihre Kerzen hingestellt. Damals war der Boden beider Nischen noch mit je einer Schieferplatte versehen, die als Reflexionsfläche für das Kerzenlicht diente, um den ansonsten dunklen Keller besser ausleuchten zu können."

Die Nischen bringen also im wahrsten Sinne des Wortes Licht ins Dunkel. Nicht nur in das des Kellers, sondern auch in das der Geschichte: Bei genauem Hinsehen müsse man diese dann nämlich korrigieren, fährt der Archäologe mit einem Augenzwinkern fort: „Im Allgemeinen sagt man ja, die Liberei (siehe Geheimnisbuch 1), der kleine Backsteinbau in der Kröppelstraße, sei das südlichste Beispiel für Backsteingotik in Norddeutschland oder wenigstens doch in Braunschweig. Streng genommen", sagt Geschwinde, „müsste man aber wegen der Formziegel in diesem Keller aus dem 13. Jahrhundert sagen, die Backsteine sind noch ca. 200 Jahre älter als die der kleinen Bibliothek. Und die liegen in jedem Fall weiter südlich."

Jörg Porsiel

So geht's zur Nische:

Vom Innenhof des weißen Neubaus Echternstraße 28 führt eine Betontreppe in den Keller. Dort befinden sich die Nischen.

05

Bärenfiguren

Tierisches auf der früheren Oberpostdirektion

Braunschweig trägt den Beinamen Löwenstadt – zum einen, weil die Welfen den Löwen einst zum Wappentier gewählt haben und zum anderen, weil die entsprechende Bronzestatue als Stadtwahrzeichen auf einem steinernen Sockel auf dem Burgplatz thront. Wer sich das reich verzierte und mit zahlreichen Türmen bestückte Gebäude der ehemaligen Oberpostdirektion in der Friedrich-Wilhelm-Straße einmal genauer anschaut, fühlt sich beim Blick auf die Giebel aber eher an Berlin erinnert. Keine Löwen, sondern Bären sind dort zu erkennen. Symbolik ist auch das – nur geht sie in diesem Fall auf die damaligen Baukosten für das Haus zurück.

„Man muss schon ein bisschen suchen, um die Bären zu entdecken", sagt Sabrina Brandes. Die Stadtteil-Heimatpflegerin von Lehndorf ist immer wieder fasziniert von dem Gebäude, wenn sie in der Innenstadt unterwegs ist. Hier ein Türmchen, dort eine kunstvolle Verzierung, ein Wappen oder architektonisches Stilmittel. „Man entdeckt immer wieder etwas Neues", schwärmt sie.

Erbaut wurde der im gotischen Stil gehaltene Sandsteinmonumentalbau in den Jahren 1878 bis 1881. Der bisherige Standort war den Bedürfnissen nicht gerecht geworden. Er befand sich in der Poststraße, die Mitte des 19. Jahrhunderts ihren Namen erhielt, weil das Herzogliche Hof-Postamt ab 1748 in dem an die Brabandtstraße grenzenden Eckgebäude seine Heimat gefunden hatte. Und bereits zuvor, ab 1693, hatten an gleicher Stelle die von Thurn und Taxis eine Niederlassung der Kaiserlichen Post betrieben. Das Gebäude wurde in den 1880er-Jahren abgerissen, an gleicher Stelle entstand ein gründerzeitliches Wohn- und Geschäftshaus. Ab 1978 hieß es an dieser Stelle für mehr als vier Jahrzehnte: einkaufen bei Karstadt am Gewandhaus.

Das an dem Ort der früheren Apothekergärten errichtete neue Postgebäude in der Friedrich-Wilhelm-Straße versprach mit seinen drei Geschossen zunächst ausreichend Platz – inklusive Dienstwoh-

Hoch oben auf dem Giebel des Gebäudes der ehemaligen Oberpostdirektion thront einer der beiden Bären.

nungen für leitende Angestellte. Dabei hatte es vor der Eröffnung noch reichlich Ärger gegeben. Der damalige Generalpostmeister Heinrich von Stephan hatte sich bei einem Besuch in Braunschweig ein Bild vom Baufortschritt gemacht und war schockiert: Der Haupteingang befand sich nicht wie geplant in der Mittellinie der Friedrich-Wilhelm-Straße – weil die Stadtplaner die Straßenführung nachträglich verändert hatten. Von Stephan soll darüber so erbost gewesen sein, dass er sogleich abreiste und 1881 auch die Einweihungsfeier boykottierte.

Sabrina Brandes steht in der Friedrich-Wilhelm-Straße vor dem opulenten Sandsteinbau.

Auf lange Sicht noch ärgerlicher war jedoch, dass auch der Neubau bald aus allen Nähten platzte und Ankäufe von Nachbarbauten und Erweiterungen nötig wurden. Und: Inklusive Grundstück betrugen die Baukosten eine für damalige Zeiten immense Summe von rund 870.000 Mark – was wiederum der Grund für die Bären auf den Giebeln ist. „Was man heute umgangssprachlich als ‚sauteuer' bezeichnen würde, das galt im Volksmund früher als ein Bärengeld", erläutert Sabrina Brandes. Als Erinnerung an diese große Investition seien die Bärenfiguren auf den Giebeln gelandet. Verantwortlich für den Bau war mit Julius Raschdorf ein bekannter Architekt, der dann übrigens doch einen Bezug zu Berlin aufweist: Er lieferte die Entwürfe für den später errichteten Dom in der Hauptstadt.

Henning Thobaben

So geht's zu den Bärenfiguren:

Sie befinden sich auf den Giebeln der früheren Oberpostdirektion in der Friedrich-Wilhelm-Straße 3.

Die Sonnenuhr blieb lange unentdeckt.

06

Sonnenuhr

Dank an einen Blitzableiter

Joachim Hempel, ehemaliger Pfarrer der Klosterkirche Riddagshausen, hat eine Weile gebraucht, bis ihm klar wurde, dass das, was er da zufällig mithilfe seines Fernglases entdeckte, eine Sonnenuhr ist! „Mit bloßem Auge war da nichts zu sehen und wenn die Sonne nicht just in jenem Moment im richtigen Winkel gestanden und ich nicht den Verlauf des Blitzableiters nachverfolgt hätte, hätte ich diese Uhr wohl auch mit dem Fernglas nie entdeckt. Das war schon kurios!", sagt er rückblickend.

Bevor er näher auf seine Entdeckung eingeht, will er aber zunächst etwas über die Kirche erzählen, an der er 1976, direkt nach dem Studium, Pfarrer wurde: „Diese dreifache Gliederung der Außenmauern, diese Grundform des Kirchenschiffes, das ist alles typisch für Zisterzienser", betont er. „Sie gründeten das Kloster Riddagshausen in der Mitte des 12. Jahrhunderts und legten rundherum Fischteiche, Äcker und Gärten an. Vieles davon ist noch heute erhalten.“ Typisch für das Mittelalter in und um Braunschweig: das Baumaterial. Kalksteine aus dem einige Kilometer östlich gelegenen Elm und Rogensteine aus dem nur wenige hundert Meter nordwestlich liegenden Nußberg. „Alle großen innerstädtischen Kirchen Braunschweigs wurden aus diesem Material erbaut“, erklärt der geborene Braunschweiger. „Und so kann man auch gut das Alter der Sonnenuhr bestimmen, nämlich um 1250. Denn: Es ist belegt, dass die Rogensteinvorkommen im Nußberg Mitte des 12. Jahrhunderts erschöpft waren, also muss das Kirchenschiff vorher fertiggestellt worden sein.“

Vieles gibt es heute noch zu entdecken: das 84 Meter lange Kirchenschiff, den großen Klostergarten mit seinen uralten Bäumen und die Riddagshäuser Teiche. „Zu Beginn des 20. Jahrhunderts führte die Klosterkirche eher ein Dornröschendasein: Es war eine von der Stadt Braunschweig etwas abgeschieden liegende kleine Kirchengemeinde. 1943, während des Zweiten Weltkriegs, wurde das Dorf Riddagshausen von britischen Bomben getroffen, die eigentlich anderen, kriegswichtigen Zielen weiter nördlich gegolten hatten. Es gab Tote und Verletzte und etliches war zerstört oder beschädigt. Die alte Klosterkirche wurde glücklicherweise nur geringfügig beschädigt“, weiß Hempel zu berichten. In den 1960er-Jahren gelang es Riddagshäuser Bürgern, genügend Geld für eine Sanierung der Kirche zu sammeln und so konnte sie von 1967 bis 1975 schließlich grundlegend saniert werden.“

Joachim Hempel hat die Sonnenuhr zufällig entdeckt.

Diese Baumaßnahmen führten schließlich zur Entdeckung der Sonnenuhr. Denn irgendwann war klar, dass ein neuer Blitzableiter hermusste. „Bevor das geschehen konnte, wollte ich den Verlauf des alten Blitzableiters über das Dach und die Kirchenwände prüfen und besorgte mir dafür extra ein Fernglas, mit dem ich von oben nach unten dem Verlauf des Blitzableiters folgte. An der Südostecke von Kapellenkranz und Hochchor sah ich plötzlich etwas unter dem Blitzableiterkabel: etwas Rundes, ziemlich Verblasstes. Das sah aus wie in den Stein gekratzt. Es erinnerte mich an etwas, aber ich kam nicht sofort darauf", schildert Hempel den Moment der Entdeckung. Und fährt fort: „Erst als ich noch genauer hinsah, konnte ich im Streiflicht der Sonne mehrere gerade Striche, zwei Kreise und einige römische Ziffern erkennen. Und da wusste ich: Das ist eine Sonnenuhr! Nur der schattenwerfende Metallstift, mithilfe dessen man die Uhrzeit ablesen konnte, war im Laufe der Jahrhunderte verschwunden." Im Zuge der Erneuerung des Blitzableiters bekam auch der Sonnenuhr eine Verjüngungskur: Die verblassten Ziffern, Striche und Kreise wurden wieder mit schwarzer Farbe nachgezogen, ein neuer Metallstift besorgt und neu justiert, damit die Sonnenuhr nun wirklich wieder Riddagshäuser Zeit anzeigen konnte. Was sie seither zuverlässig tut – wenngleich man ein Fernglas benötigt, um sie zu erkennen. Der Blick auf die Armbanduhr ist da heute doch unkomplizierter. Aber schön ist es trotzdem, dass am alten Kloster eine Sonnenuhr verlässlich die Zeit anzeigt. Vorausgesetzt, die Sonne scheint.

„An der Südostecke von Kapellenkranz und Hochchor sah ich plötzlich etwas unter dem Blitzableiterkabel: etwas Rundes, ziemlich Verblasstes."

Jörg Porsiel

So geht's zur Sonnenuhr:

Die Sonnenuhr befindet sich an der Südostecke der Klosterkirche Riddagshausen in ca. 7 Meter Höhe, sozusagen in der 1. Etage des Hochchors.

Mauerornamente

50 Meter langes Kunstwerk

Vasen an einer Mauer mitten in Braunschweig? Oder sind es doch eher stilisierte Engel? „Wer seinen Blick über die Mauer streifen lässt, kann noch allerei mehr entdecken", sagt Bärbel Mäkeler, die sich mit Künstlern und den Kunstwerken der Fünfzigerjahre in der Löwenstadt bestens auskennt. „Dieses 50 Meter lange Kunstwerk haben die meisten wohl noch nie so richtig wahrgenommen, obwohl es direkt an einer der Hauptverkehrsstraßen der Innenstadt steht – und das schon seit über 60 Jahren."

Damals berichtete die *Braunschweiger Zeitung* am 6. April 1960, dass der Künstler Bodo Kampmann den Auftrag von der Stadt Braunschweig erhalten habe, eine Mauer an der Auguststraße künstlerisch zu gestalten. „Bodo Kampmann war ein sehr vielseitiger Künstler", weiß Bärbel Mäkeler. Er hat unter anderem Großplastiken aus Metall geschaffen, von denen einige im Stadtbild zu finden sind. Als gelernter Goldschmied fertigte er Schmuckstücke an und viele Bühnenbilder für das Braunschweiger Staatstheater stammten von ihm. „Als Designer entwarf er 1956 ein *Form A* genanntes Teeservice für die Porzellanmanufaktur Fürstenberg – damals ein Bestseller der Moderne. Die meisten seiner Braunschweiger Arbeiten entstanden zwischen 1955 und 1970." In dieser Zeit arbeitete Kampmann als Dozent an der Werkkunstschule Braunschweig und an der Nachfolgeinstitution, der Hochschule für Bildende Künste.

„Kampmanns Stil war immer sehr reduziert", fährt die freie Autorin fort. „Das heißt, seine Werke zeichnen sich dadurch aus, dass sie nur das Wesentliche abbilden – und trotzdem sofort als das erkannt werden, was sie darstellen." So auch auf besagter Mauer.

Im Stadtbild Braunschweigs sind noch heute einige weitere seiner Großplastiken aus Metall zu finden, etwa die *Justitia* von 1956 am Gebäude der Generalstaatsanwaltschaft am Domplatz 1, der *Rufer* oben auf dem Dach der Magni-Kirche, entstanden 1958, 1970 gefolgt

Braunschweig-Kennerin Bärbel Mäkeler weiß die Zeichen zu deuten.

vom über drei Meter großen *Hahn* auf der Turmspitze der Petri-Kirche. Mit der *Werdenden Mutter* für die Geburtsabteilung des Städtischen Klinikums in der Celler Straße hatte er 1961 eine weitere Plastik geschaffen. Und: Auch die bronzene Plakette für den *Peter-Joseph-Krahe-Preis*, einem von der Stadt Braunschweig seit 1956 verliehenen Architekturpreis, stammt von Kampmann. „Aber", fährt die Wahl-Braunschweigerin fort, „sein mit 50 Metern Länge und 2,30 m Höhe mit Abstand größtes Kunstwerk fristet scheinbar von den Menschen unbeachtet ein Randdasein, obwohl täglich Tausende an ihm vorbeigehen oder -fahren."

Kampmanns Mauer stützt den Hügel ab, auf dem die aus dem 13. Jahrhundert stammende Aegidienkirche samt den sie nordöstlich umgebenden Gebäuden steht. Die innerstädtische Verbindung Bohlweg, Stobenstraße, Auguststraße, John-F.-Kennedy-Platz wurde im schwer kriegszerstörten Braunschweig erst in den späten 1950er-Jahren und im Zuge der neu gestalteten Kurt-Schumacher-Straße angelegt. Die alten Fachwerkhäuser, die hier vor dem Krieg seit Jahrhunderten standen, waren größtenteils zerstört. Dort erhalten gebliebene Steinhäuser beziehungsweise Hausruinen wurden für die großzügige Neugestaltung dieser Hauptverkehrsader der Stadt einfach abgerissen, um Platz für die *autogerechte Stadt* – eine Maxime der frühen Nachkriegszeit – zu machen.

Trotz auffälliger Gestaltung wird die Mauer von vielen kaum beachtet.

Die *Braunschweiger Zeitung* berichtete in jenem Artikel von 1960, dass Kampmann für sein Werk erstmals die Zementgusstechnik in der Stadt angewendet habe. Man erkenne an der Mauer stark abstrahierte Menschen und Ornamente. Befragt man Passanten, so erkennen manche darin auch Katzenköpfe oder gar Löffel. Die Germanistin Mäkeler weiß all dies zu deuten: „Der Auftrag der Stadt an Kampmann lautete, er solle in seinem Werk die Umgebung mit einbeziehen. ‚Die Umgebung‘ bedeutete vor allem die Aegidienkirche mit Kloster aus dem 12. Jahrhundert, den sich daran anschließenden Aegidienmarkt und die alte Fachwerkhäuserzeile Richtung Mönchstraße, die die Zerstörungen des Zweiten Weltkrieges im Gegensatz zum weitläufigen Umfeld halbwegs glimpflich überstanden hatte.“ Die Aegidienkirche wurde im Mittelalter auf einer die Innenstadt deutlich überragenden Anhöhe errichtet, diese fällt Richtung Nordosten zum Magni-Viertel hin stark ab, sodass bei der Neugestaltung dieser Verkehrsader eine Stützmauer her musste, damit das Ganze nicht wegrutschte.

Nur knapp 100 Meter südlich von der Mauer entfernt liegt an der Ecke Spohrplatz/Mönchstraße das Geburtshaus Ludwig Spohrs. Spohr, der später seinen Vornamen in Louis änderte, wurde am 5. April 1784 in diesem kleinen Fachwerkhaus geboren. Als er 1859 in Kassel starb, war er unterdessen ein gefeierter Komponist, Dirigent und überragender Violinist der deutschen Musikgeschichte. Kampmann ließ in Form von Orgelpfeifen sowohl Elemente aus der Aegidienkirche als auch aus der Musikgeschichte Spohrs in seinem 50-Meter-Kunstwerk verschmelzen. Faszinierend!

Jörg Porsiel

So geht's zu den Mauerornamenten:

Eigentlich ist die Mauer unübersehbar: Sie liegt auf der Südwestseite der Auguststraße in Richtung John-F.-Kennedy-Platz.

Maßwerkfenster

Ein Element, das nie verbaut wurde

Im Innenhof von St. Aegidien gibt es einiges, was die Blicke der Besucher auf sich zieht. Historische Architekturteile haben hier ihren Platz gefunden – etwa die zwei Steinpfeiler vom Eingang des Rokokogartens an der Celler Straße, die Statue der Proserpina aus dem Garten des Lustschlosses Salzdahlum oder diverse Grab- und Gedenksteine. Nicht zu vergessen: der Chor der Paulinerkirche im Südteil, der ursprünglich Teil einer entsprechenden Klosteranlage am Bohlweg war. Aber da gibt es noch etwas: Ganz in der Ecke nahe der Straße ragt eine fensterartige Konstruktion in die Höhe. Allerdings hat die viel mehr mit einem ganz anderen Gebäude als dem ehemaligen Aegidienkloster zu tun.

„Eigentlich gehört sie nach Riddagshausen", sagt Elke Frobese, die als Stadtführerin von der Herkunft des steinernen Elements aus dem 17. Jahrhunderts zu berichten weiß. Das sogenannte Maßwerkfenster ist fest verbunden mit einer Person: Peter Wiendruwe. Der wurde 1551 in Neustadt geboren, das später unter dem Namen Heinrichstadt ein Stadtteil von Wolfenbüttel wurde. Aus bescheidenen Verhältnissen stammend, fand er in Abt Johannes Lorber aus dem Kloster Riddagshausen einen Ziehvater, der ihn zum Mitglied seines Konvents machte. Nach dem Tod Lorbers wurde Wiendruwe 1580 zum Prior ernannt und leitete fortan die Geschicke des Klosters.

In der Literatur wird er als freigiebiger und auf Bildung Wert legender Gönner beschrieben. Wenn es um Recht, Freiheit und Vermögen des Klosters ging, soll Wiendruwe jedoch wenig nachgiebig gewesen sein und so den materiellen Wohlstand auf ein hohes Niveau getrieben haben – bis im Jahr 1606 Julius, Herzog der Braunschweiger und Lüneburger, mit seinem Heer die Stadt belagerte. In Vorahnung des bevorstehenden Unheils brachten die Riddagshäuser Mönche Teile ihres Hausrats und ihrer Lebensmittel an sichere Orte. Doch die Feinde nahmen das Kloster bald darauf ein, raubten und plünderten ohne

Elke Frobese liebt das historische Maßwerkfenster im Innenhof von St. Aegidien – besonders im Sommer, wenn die Rose neben ihr das Konstrukt erklimmt.

Rücksicht auf Verluste und brannten die Gebäude nieder. Wiendruwe war mit seiner Familie nach Offleben geflüchtet und musste den Gedanken an das Treiben aus der Entfernung ertragen. Die Angriffe setzten die bereits Jahrzehnte zuvor im Zuge der kriegerischen Durchsetzung der Reformation erfolgten Zerstörungen fort.

Das Maßwerkfenster war eigentlich für das Kloster Riddagshausen vorgesehen.

Nach dem Friedensschluss unter Einflussnahme des Kaisers begann alsbald der Wiederaufbau. Wiendruwe ließ die Gebäude wieder instand setzen und stiftete unter anderem ein mit seinem Wappen versehenes Maßwerkfenster. Der Prior verstarb jedoch im Oktober 1614 im Alter von 63 Jahren infolge von Brustkrankheiten; das Maßwerkfenster wurde niemals verbaut und ist heute noch im Innenhof von St. Aegidien zu sehen.

„Dass hier Relikte aus drei Braunschweiger Klöstern verschiedener geistlicher Strömungen innerhalb der Kirchengeschichte auf engstem Raum zusammenkommen, macht diesen Ort besonders interessant“, sagt Frobese und zeigt dabei auf den Fensterbogen eines Zisterzienserklosters, also des Reformklosters der Benediktiner. Weiter rechts trifft man auf den gotischen Chor des Bettelordensklosters der Dominikaner.

Henning Thobaben

So geht's zum Maßwerkfenster:

Das Bauwerk ist im Innenhof von St. Aegidien zu finden. Gleich hinter dem Hofeingang biegen Besucher links ab.

Michael Geschwinde steht am Ausgang des Wehrgangs.

09

Wehrgang

Rest der mittelalterlichen Stadtbefestigung

„Das ist eine Poterne", sagt der Archäologe Michael Geschwinde so, als sei es das Selbstverständlichste der Welt und deutet auf einen bogenförmigen, steinernen Eingang. „Eine Poterne ist ein überdachter Wehrgang. Sie war Teil der mittelalterlichen Verteidigungsanlagen der Stadt Braunschweig", schiebt er dann aber doch noch schnell erklärend hinterher. „Dieser etwa 25 Meter lange unter der Stadtmauer hindurchführende gedeckte Wehrgang, übrigens der letzte seiner Art in der Stadt, stammt aus dem 12. oder – wahrscheinlicher – aus der 1. Hälfte des 14. Jahrhunderts."

Die Gegend entlang der Echternstraße ist wahrlich historischer Boden, denn dieser innerstädtische Bereich zählt zu den ältesten bereits bis 1150 besiedelten Teilen der Stadt. „Die Reste des Verteidigungswalls am Stadtgraben stammen aus der Zeit um 1150, vielleicht sogar schon aus der 1. Hälfte des 12. Jahrhunderts. Um 1200 wurde dann auf dem Wall die erste und damit älteste Stadtmauer errichtet", klärt der Archäologe auf. „Da hinten", er zeigt nach Norden, „haben wir vor etwa 20 Jahren auch noch den Rest eines alten Stadtmauerturms entdeckt." Diese Turmreste sind aus dem frühen 13. Jahrhundert. „Jetzt könnte man natürlich meinen: Aha, Anfang 12. Jahrhundert! Das stammt alles von Kaiser Lothar von Süpplingenburg und alles aus dem späten 12. Jahrhundert kommt dann natürlich von Heinrich dem Löwen. Aber das wäre dann doch zu einfach, denn: An vielen Stellen der frühen Stadt-geschichte Braunschweigs lauern methodische Fallstricke und nur allzu oft wird die unscharfe historische und archäologische Überlieferung von lokalen Mythen überlagert."

„An vielen Stellen der frühen Stadtgeschichte Braunschweigs lauern methodische Fallstricke und nur allzu oft wird die unscharfe historische und archäologische Überlieferung von lokalen Mythen überlagert."

Das Großartige an Braunschweig sei, dass man überall zwischen der Nachkriegsbebauung noch die Reste der reichen Stadtgeschichte finden könne, wenn man mit offenen Augen durch die Stadt gehe, schwärmt Geschwinde. „Diesen Wehrgang darf man aber nicht losgelöst von seinem baulich-stadthistorischen Kontext sehen. Das heißt, wir müssen ihn zusammen mit diesem Mauerrest betrachten. Er zeigt auf den Rest einer dicken Mauer beziehungsweise dem, was davon nach etlichen Jahrhunderten noch übrig ist, etwa 1,20 Meter hoch und 60 Zentimeter breit. Er schließt direkt an die Wand eines zum historischen Stobwasserhaus gehörenden Fachwerkhauses aus dem 18. Jahrhundert an, das vermutlich selbst über den Mauerresten eines viel älteren Stadtturms erbaut wurde. „Man muss das alles im Gesamtzusammenhang mit der frühen Stadtbefestigung und den Turmresten, die hier vor zwei Jahrzehnten ergraben wurden, betrachten. Nur etwa 100 Meter von hier steht ja auch noch am Prinzenweg der Rest der spätmittelalterlichen Stadtmauer", ergänzt er.

Die Poterne führte direkt unter der Stadtmauer hindurch zu dem davor liegenden Verteidigungsgraben. Sie bot Schutz vor Pfeilen und anderen Wurfgeschossen der Belagerer und gleichzeitig diente sie wahrscheinlich auch als verdecktes Ausfalltor, durch das die Verteidiger Braunschweigs wiederum unvermutet die Belagerer hinterrücks angreifen konnten. Den Graben gibt es noch und er führt auch heute noch Wasser – wenn auch eher als Rinnsal. Es handelt sich um den Neustadtmühlengraben. „Im Mittelalter war der Graben allerdings breiter und tiefer als heute. Als im späten Mittelalter eine neue Befestigungslinie weiter außen angelegt wurde, hat man ihn teilweise verfüllt."

Michael Geschwinde kennt sich schon lange im mittelalterlichen Braunschweig aus. Seit den frühen 1990er-Jahren ist er für zahlreiche archäologische Ausgrabungen in der Stadt verantwortlich, wobei dabei zum Teil Erstaunliches zutage gefördert wurde. „Wir können das Mauerwerk relativ sicher datieren, da viele der verwendeten Steinblöcke aus rotbraunem Braunschweiger Rogenstein bestehen. Das ist eine spezielle Gesteinsart, die im Nußberg, knapp drei Kilometer nordöstlich von hier, abgebaut wurde", sagt er und fügt hinzu: „Viele mittelalterliche Gebäude Braunschweigs, vor allem die Kirchen und die Stadtbefestigung, wurden damit errichtet. Der Steinbruch auf dem Nußberg war aber seit etwa 1250 ausgebeutet, sodass die Verwendung derartiger Steine vorher stattgefunden haben muss, also nicht später als 1250."

Das Ganginnere mit Grabplatten am Boden.

Geht man durch den Wehrgang, fallen zum Teil sehr große, blank gelaufene Steinplatten auf. „Das könnten umgedrehte alte Grabsteine oder Epitaphe sein. Aber um das wirklich behaupten zu können, müsste man die Platten ausgraben und umdrehen", sagt Geschwinde und es hallt dabei ein wenig in dem dunklen steinernen Gang. Am unteren Ende des Ganges tritt der Archäologe wieder ins Freie und steht Richtung Westen unmittelbar am Neustadtmühlengraben. Dreht man sich allerdings nach Osten um und blickt dabei nach oben, sieht man plötzlich einen Steinturm, der vom anderen Ende des Ganges nicht zu sehen ist.

„Wozu dieser Turm hier steht und wer ihn wann erbaute, ist unbekannt“, sagt Geschwinde grübelnd. Vielleicht stand hier einmal ein mittelalterlicher Turm, der für Ausfälle, das heißt Angriffe der Verteidiger auf die Belagerer, genutzt wurde. Aber dafür gibt es im Moment keine wirklichen Beweise. Der Turm sieht jedenfalls nicht so aus, als stünde er schon seit dem Mittelalter hier. Auf historischen Karten ist er erst für das frühe 19. Jahrhundert belegt, als hier ein Steg über den Graben zu einem Garten angelegt wurde.

„Das könnten umgedrehte alte Grabsteine oder Epitaphe sein. Aber um das wirklich behaupten zu können, müsste man die Platten ausgraben und umdrehen.“

„Heute befinden sich Turm und Wehrgang in Privatbesitz“, weiß der Archäologe schließlich noch zu berichten, „aber man kann trotzdem ungehindert den Wehrgang bis zum Wassergraben besichtigen.“

Jörg Porsiel

So geht’s zum Wehrgang:

Der Wehrgang liegt von der Echternstraße aus gesehen hinter dem Gebäude der ehemaligen Stobwasserschen Lackwarenmanufaktur und hat sogar eine eigene Hausnummer: 16 a.

Blick auf die drei leuchtenden Gleise auf dem Areal des früheren Bahnhofs.

10

Leuchtschienen

LED-Kunst mit Symbolik

Am 1. Oktober 1960 wurden die Gleise am alten Braunschweiger Hauptbahnhof einer allerletzten Belastung ausgesetzt: Unter großer Anteilnahme der Braunschweiger Bürger fuhr dort ein Zug um 23:08 Uhr los in Richtung Salzgitter-Ringelheim, praktisch zeitgleich zur Eröffnung des neuen Hauptbahnhofs am Berliner Platz. Die Gleise wurden anschließend demontiert, viele Kilometer kamen zusammen. „Am Europaplatz führten die Gleise zum ehemaligen Holzhof, an dem die Baumstämme aus dem Harz angeliefert wurden. Ich erinnere mich, dass wir danach als Kinder immer über eine große Brachfläche gerannt sind, wenn wir in den Bürgerpark wollten", erzählt Heiko Krause. Der Eisenbahnexperte kennt in der Nähe allerdings eine Stelle, an der noch immer Gleise liegen – wenn auch nur symbolische, als Erinnerung an den früheren Bahnhof.

In der Regel steuern Passanten auf der Okerinsel direkt eines der Sparkassengebäude auf dem Areal an. Oder sie nutzen das Gelände, um von der Innenstadt in Richtung Bürgerpark und VW-Halle oder umgekehrt zu gelangen. Ihr Weg führt sie aber in der Regel nicht abseits der gewohnten Laufwege. Und schon gar nicht ein paar Stufen hinauf in den Bereich hinter dem heutigen Direktionsgebäude. Denn dort liegen die Gleise. Streng genommen sind es ebenerdige Lichtbänder, die sich als Reminiszenz durch den Wegebelag ziehen. Um den historischen Bezug zum *Alten Bahnhof* zu verstärken, wurde eine streng lineare Bepflanzung im Bereich der angedeuteten Gleise vorgenommen. Neben den bereits vorhandenen Rasenflächen und den prägenden Bestandsbäumen mit Platane, Ginkgo und Esche wurden verschiedene Gräserarten, Stauden und mittelhohe Sträucher gepflanzt. Es sind allesamt Flachwurzler, die oftmals im Bereich von Gleisanlagen zu finden sind. Wer an diesem Ort nach Einbruch der Dunkelheit Platz nimmt, kann sich also gut in eine Zeit zurückversetzen lassen, in der hier die Züge rollten.

Heiko Krause kniet neben den Leuchtgleisen, die nach Einbruch der Dunkelheit natürlich viel imposanter wirken.

Drei Gleise sind an dieser Stelle symbolisch angedeutet, weil das Bahnhofsgebäude lange Zeit die gleiche Zahl an Gleisen einschloss. „An der westlichen Seite befand sich das abgehende Gleis, an der östlichen das Gleis für den ankommenden Verkehr. Dazwischen war ein Rangiergleis installiert", berichtet Krause. Letzteres war nötig, weil der alte Braunschweiger Bahnhof als sogenannter Kopf- oder Sackbahnhof geplant und angelegt worden war. So konnten die Züge damals immer nur in eine Richtung fahren und mussten bei einer Änderung aufwendig mittels Weichen auf andere Gleise verschoben und umgekuppelt werden.

Diese Tatsache war es letztlich auch, die dem Bahnhof zum Verhängnis wurde. Die bisherige Technik war mit dem immer hektischer werdenden Leben in der zweiten Hälfte des 20. Jahrhunderts nicht mehr vereinbar. Aufgrund des gestiegenen Fahrtaufkommens wurden die Gleise bereits im Jahr 1938 zum Jubiläum *100 Jahre Erste Deutsche Staatseisenbahn* aus der Halle genommen und die Bahnsteige ins Freie verlegt worden. Das Bahnhofsgebäude diente von da an nur noch als Empfangshalle.

Damit waren auch die Zeiten vorbei, in denen dem Gebäude wichtige gesellschaftliche Funktionen zukamen. Die dortigen Gesellschaftsräume bestanden aus dem sogenannten Fürstenzimmer in der ersten Etage mit eigenem Balkon zur Halle, das von der herzoglichen Familie aber nur ganz selten genutzt wurde. Zudem waren hier ein Speisesaal Erster Klasse (mit Tischdecken und Bedienung), Zweiter Klasse (mit Tischdecken, ohne Bedienung) sowie Dritter Klasse (mit Tischen und Stühlen) untergebracht. Auch ein Tabakladen, der sogenannte *Spatz im Bahnhof*, war ein nicht unbedeutender Bestandteil des Bahnhofs. Denn gequalmt haben früher nicht nur die Dampfloks – auch an den Gleisen, in den Warte- und Speisesälen sowie in den Bahnen selbst rauchten die Passagiere uneingeschränkt vor sich hin.

Henning Thobaben

So geht's zu den Leuchtschienen:

Die Schienen befinden sich auf der Okerinsel zwischen Friedrich-Wilhelm-Platz und Volkswagen-Halle. Wer vom Friedrich-Wilhelm-Platz über die östlich gelegene Brücke kommt, biegt direkt hinter dem Direktionsgebäude der Braunschweigischen Landessparkasse rechts ab und geht die Rampe nach oben. Ein paar Schritte weiter kreuzen die Schienen den Weg.

11

Löwenkopf

Düsteres Relikt im Dom

Dass Braunschweig die Stadt des Löwen ist, ist gemeinhin bekannt. Dass jedoch selbst über der Tür zur Gruft des Welfenherzogs Heinrich im Dom ein Löwe wacht, dürfte den meisten Braunschweigern - und ihren Gästen erst recht - bislang entgangen sein. Es handelt sich um einen überlebensgroßen Löwenkopf im Profil, ohne den dazugehörigen Körper, aber dafür mit weit aufgerissenem Maul, in dem Reißzähne und Zunge deutlich sichtbar sind. So scheint das (Un-)Tier über Heinrichs letzte Ruhestätte zu wachen. Und der Löwenkopf passt hier auch insofern ganz vortrefflich, als Heinrich bekanntermaßen auch „der Löwe" genannt wurde. Ebenfalls zur letzten Ruhe gebettet liegt an seiner Seite in einem weiteren Steinsarkophag seine zweite Ehefrau Mathilde Plantagenet – übrigens die einzige Schwester des englischen Königs Richard Löwenherz (1157-1199). Richard Löwenherz war also der Schwager Heinrichs des Löwen. Aber das nur nebenbei. Seinen tierischen Beinamen erhielt Heinrich übrigens auf dem Hoftag zu Regensburg 1156. Ein neuer Herrschername musste her, als er neben dem sächsischen Herzogtum auch noch das bayerische sein Eigen nennen konnte: Et creatum est ei nomen novum: Heinricus Leo, dux Bavariae et Saxoniae – Heinrich der Löwe.

Im Vergleich mit dem von Heinrich selbst in Auftrag gegebenen weithin bekannten und sehr filigran gearbeiteten Braunschweiger Löwen, der in der zweiten Hälfte des 12. Jahrhunderts entstand und seit mittlerweile über 800 Jahren auf dem Burgplatz steht, wirkt der Löwenkopf im Dom fast karikaturenhaft, wie er da von oben auf die Besucher herabblickt. Von oben, weil er als sogenannter Schlussstein den letzten der Gewölbebögen über der Treppe in die Krypta ziert.

Jedoch: Weiß man um die dunkle Vergangenheit des Löwen, ist „ziert" nicht ganz der richtige Ausdruck: „Verunstaltet" würde es dann eher treffen. Die Gruft, über der der Löwenkopf thront, stammt näm-

Der Löwe wacht über den Zugang zur Gruft Heinrichs des Löwen.

lich nicht aus dem späten 12. Jahrhundert, also der Zeit, in der Herzog und Herzogin bestattet wurden, sondern aus den späten 1930er-Jahren und geht, wie so vieles aus dieser Zeit, auf die Nationalsozialisten zurück. Die Braunen Brüder kamen 1935 nämlich auf die Idee, aus Heinrich dem Löwen einen Vorreiter ihrer Ideologie vom Lebensraum im Osten zu machen: Der Welfen-Herzog hatte im 12. Jahrhundert gegen die Slawen gekämpft und für Siedlungsgebiete im Osten.

Sie erklärten den Braunschweiger Dom kurzerhand zur *Nationalen Weihestätte* und wollten Heinrich dem Löwen eine – wie sie fanden – seiner Bedeutung angemessene Grabstätte verschaffen. Dazu mussten umfangreiche Bauarbeiten im Dom ausgeführt werden. Der Innenraum wurde grundlegend umgestaltet und unter dem aus der Zeit um 1230 errichteten oberirdischen Grabmal Heinrichs und Mathildes entstand eine monumentale Krypta aus rotbraunem Granit. Diese Granitgruft – eben jene, in die man noch heute hinabsteigen kann – wurde allerdings erst 1938 fertiggestellt. Aber nicht nur am Dom wurde Hand angelegt, auch ansonsten sollten Braunschweig und Heinrich gemäß dem Gusto der Nationalsozialisten umgestaltet werden. So schreibt die Zeitschrift *Das Bild* im Jahr 1937 über die Umgestaltung des Burgplatzes samt Löwen aus dem 12. Jahrhundert: „Der gen Osten blickende monumentale Braunschweiger Bronzelöwe von 1166 […] wirkt nun beherrschend, nachdem man die alte, schöne Pflasterung des Burgplatzes wiederhergestellt und die gärtnerischen Anlagen entfernt hat. Man muß den Löwen einmal beim Fackelschein eines Aufmarsches erlebt haben. […] So zeigt der Burgplatz würdig des Domgrabes, das

Der Löwenkopf von 1938 von Arno Breker.

nun nach dem Willen des Führers Weihestätte des Deutschen Volkes werden soll."

Besagter überdimensionaler Löwenkopf im Treppenabgang zu dieser Gruft stammt von einem Bildhauer, der unter den Nationalsozialisten zu zweifelhaftem Ruhm gelangte und der von Hitler selbst gefördert wurde: Arno Breker (1900-1991). Brekers Arbeiten sind noch heute hier und da in Deutschland zu finden. Jene Arbeiten, die in der NS-Zeit entstanden und stilprägend für seine Künstlerkollegen wirkten, sind durch ihre Monumentalität und NS-Stilistik leicht erkennbar. So auch der Löwenkopf im Dom.

Wer schließlich in der Gruft angekommen ist, steht in einer nur sehr spärlich beleuchteten kühlen Kammer, in der sich tatsächlich drei Steinsarkophage befinden. In der engen Kammer wiederum befindet sich ein weiteres quadratisches, nach allen vier Seiten offenes Gewölbe, das zwei Sarkophage überspannt. In einem davon sollen sich die sterblichen Überreste Heinrichs des Löwen und in in dem anderen die seiner Frau Mathilde befinden, die beide von den Nationalsozialisten 1935 ausgegraben und schließlich in die 1938 neugestaltete Gruft überführt wurden.

Die Spuren der Nazis sind angeblich heute aus dem Dom und aus der Gruft entfernt. Tatsächlich alle? Nein, eben nicht alle – Arno Brekers Löwenkopf ist noch immer dort und lässt Besucher erschaudern.

Jörg Porsiel

So geht's zum Löwenkopf

Er befindet sich in der Gruft im Braunschweiger Dom. Man gelangt dorthin, wenn man im Dom auf der linken Seiten am Hochaltar vorbeigeht. Dort ist eine schmiedeeiserne Tür, durch die hindurch der Weg in die Welfengruft führt. Über eine Steintreppe gelangt man schließlich hinein.

Hier wohnte
METHFESSEL

Musikerporträt

Der Bäcker war's!

Um dieses Relief zu entdecken, muss man den Kopf schon weit in den Nacken legen und an der Hauswand des Gebäudes Am Magnitor 7 emporblicken: Dort prangt ein Gesicht im Profil, darunter eine Geige, darüber eine Schrift, die man allerdings mit bloßem Auge nur schwer entziffern kann. Die Historikerin Andrea Kienitz aber weiß, was dort geschrieben steht, und sie zitiert: „Hier wohnte Methfessel."

Schön und gut. Nur wer war dieser Methfessel? Musiker wohl, darauf deutet die Geige hin. „Ganz richtig", bestätigt Andrea Kienitz, die sich besonders darüber freut, dieses Relief entdeckt zu haben. Denn als sie anfing, sich mit Albert Methfessel zu beschäftigen, musste sie feststellen, dass es in Braunschweig kaum etwas gibt, das an ihn erinnert. „Dabei hat Methfessel etliche Jahre in Braunschweig gelebt und gearbeitet und war zu seiner Zeit ein in ganz Deutschland bekannter Hofkapellmeister, Komponist und Sänger. Bei meiner Recherche fiel mir auf, dass es über Methfessels letzte 20 Lebensjahre offenbar keine Informationen gab. Ich habe nichts gefunden – absolut gar nichts", resümiert die Historikerin. Nichts – bis auf das Relief am Wohnhaus.

Dass sie in Braunschweig so wenig zu Methfessel finden konnte, habe sie umso weniger verstanden, als Braunschweig über die Jahrhunderte eine so reichhaltige Musikgeschichte aufzuweisen hat. „Da verwundert es schon, wenn jemand wie Albert Methfessel im kollektiven Gedächtnis der Stadt mehr oder weniger in Vergessenheit geraten zu sein scheint."

Albert Methfessel wird 1785 im thüringischen Stadtilm geboren. Er entstammt einer weitverzweigten, ursprünglich aus Süddeutschland kommenden Musikerfamilie. Auch seine Berufung ist die Musik, über die er unter anderem Kontakt zu Goethe und Schiller bekommt und Schillers Tochter Emilie Gesangsunterricht erteilt. Wie viele Künstler seiner Zeit ist er sehr umtriebig und kommt weit herum. 1818

Das 1898 entstandene Relief hängt weit oben an der Hauswand - und wird daher oft übersehen.

besucht er mit Ludwig Louis Spohr (1784-1859) das erste deutsche Musikfest in Mannheim, später ist er Dirigent in Hamburg, wo er 1825 die dortige *Liedertafel* gründet.

Der Musiker Carl Maria von Weber (1786-1826) empfiehlt ihn als Kapellmeister des Städtischen Theaters in Prag, doch Methfessel folgt schließlich 1832 einem Ruf nach Braunschweig, wo er zum Hofkapellmeister ernannt wird. Sein Arbeitsplatz ist das um die Wende des 19. Jahrhunderts in Deutschland weithin bekannte Opernhaus am Hagenmarkt, dem er vor allem durch seine Opernarbeiten zu weiterem Ansehen verhilft.

Andrea Kienitz weist auf das Relief in luftiger Höhe – oberhalb des ersten Stocks.

1836 leitet Methfessel das 9. *Elb-Musikfest*, das in der unweit des Magniviertels gelegenen Aegdienkirche stattfindet. Es ist nach 1821 das zweite Musikfest, das in Braunschweig veranstaltet wird. Zu diesem Anlass reisen 165 Orchestermusiker und 376 Chorsänger der Teilnehmerstädte in die Löwenstadt. Das Fest wird ein derartiger Erfolg, dass Braunschweig 1839 und 1844 erneut zum Austragungsort gewählt wird.

Auch die Liebe begegnet dem Komponisten hier: In Gestalt der in Braunschweig geborenen Sopranistin Emilie Louise Lehmann (1818–1854), die er schließlich heiratet. Das Paar wohnt in dem erwähnten Haus Am Magnitor 7. Schon bald aber ereilt Methfessel das Schicksal Beethovens: Er verliert allmählich sein Gehör und muss gezwungenermaßen Ende April 1841 seinen Abschied nehmen. Seine Frau bleibt noch bis 1849 am Hoftheater. Nach ihrem Tod fünf Jahre später verlässt Methfessel

Braunschweig. Zuletzt lebt er bei Tochter und Schwiegersohn in Heckenbeck, einem Dorf in der Nähe von Gandersheim, wo er 1869, unterdessen 83-jährig, stirbt. Das als kurzer biografischer Abriss.

Und nun zurück zu Methfessels Stuckportrait in so luftiger Höhe: Dort prangt es seit 1898, wurde also fast 30 Jahre nach dem Tod des Musikers angebracht. Doch jene, die es sehen, werden sich wohl nicht nur fragen, wer denn eigentlich dieser Methfessel war, sondern auch, warum das Relief derart weit oben hängt - und wie es dorthin kam. Historikerin Kienitz fand heraus, dass das Haus zu dieser Zeit einem gewissen Herrn Scheele gehörte. „Der war nicht nur Bäckermeister, sondern scheint recht musikbegeistert gewesen zu sein und wusste, dass der bekannte Musiker etliche Jahrzehnte zuvor in diesem Hause gewohnt hatte. So beauftragte Bäcker Scheele den Künstler Hermann Siedentop damit, eben jenes Portrait zu entwerfen."

Siedentop (1864–1943) war zu dieser Zeit Leiter der Bildhauerklasse der Städtischen Fortbildungs- und Gewerbeschule Braunschweig, der späteren HBK. Mehrere von ihm geschaffene Portraits bekannter Persönlichkeiten sind noch heute im Stadtgebiet erhalten.

„Was ich allerdings nicht herausfinden konnte, war, warum der Bäcker Scheele plötzlich 1898 diese Idee hatte und warum er das Portrait so weit oben, geradezu verborgen, anbringen ließ, sodass es wohl die meisten Passanten übersehen. Vielleicht auch ein Grund, warum Albert Methfessel heute kaum noch bekannt ist", sagt die Historikerin Andrea Kienitz und fügt augenzwingernd hinzu: „Aber: Das muss ja nicht so bleiben …"

Jörg Porsiel

So geht's zum Musikerporträt:

Das Haus Am Magnitor 7 steht in der Fußgängerzone des Magniviertels. Das Stuckportrait des Musikers hängt oberhalb des ersten Stocks, seitlich am Vorbau, an der Hauswand.

Die Inschriften wurden extra freigelegt.

13

Grabmal

Der doppelte Hofgärtner

Es gibt prunkvolle Grabmale auf dem Magni- und Domfriedhof. Das verwundert nicht weiter – schließlich liegen hier Persönlichkeiten wie der Dichter Gotthold Ephraim Lessing, Reiseschriftsteller Friedrich Gerstäcker, Stadtbaumeister Peter Joseph Krahe, die Verleger Joachim Heinrich Campe und Georg Westermann oder auch Fabrikant Friedrich Voigtländer begraben. Bei einem Doppelgrab jedoch ragen die Steine nur gerade so aus der Erde. Sie sind schräg nach hinten geneigt und von Efeu überwuchert, die Schrift ist schwer zu entziffern. Dass hier die sterblichen Überreste von Johann Christian Burmester (1791-1853) und seiner Frau Caroline liegen, wissen nur jene, die sich mit dem Friedhof näher beschäftigen.

Hierzu zählt auch Karl-Heinz Löffelsend, der zu der Geschichte des Gräberfelds für ein früheres Buchprojekt umfangreich recherchiert hat. In diesem Zusammenhang stieß der Stadtteilheimatpfleger auch auf die besagte Doppelgrabstätte. Damals war diese auf den Infotafeln an den Friedhofszugängen noch falsch betitelt. Von Johann Karl Gustav Burmester war hier zu lesen, was Löffelsend stutzig machte. Er wusste nämlich: Johann Karl Gustav Burmester zeichnete als herzoglicher Hofgärtner nicht nur für die Gestaltung des Theaterparks verantwortlich, sondern auch für den Hauptfriedhof – und auf letzterem sollte er eigentlich begraben liegen.

Karl-Heinz Löffelsend bei der Recherchearbeit.

Löffelsend forschte nach. Nicht nur theoretisch, sondern auch in Form von körperlicher Arbeit. „Ich habe Efeu zurückgeschnitten und die Grabsteine mit Bürsten geschrubbt“, berichtet er. Moos und Dreck verschwanden, die Schrift war entzifferbar. Löffelsend deckte auf: Die Grabstätte ist in Wirklichkeit die von Johann Karl Gustav Burmesters Vater Johann Christian und seiner Frau Caroline. Dessen Wirken ist nicht minder bemerkenswert: Er hatte sein Handwerk im herzoglichen Hofgarten zu Salzdahlum erlernt und war später als Hofgärtner im Richmondpark tätig. Den ursprünglich vom englischen Gartenarchitekten Lancelot C. Brown entworfenen Park erweiterte

Burmester gemäß eines Auftrags von Herzog Wilhelm in der Zeit ab 1830. Mittlerweile sind die Übersichtspläne des Magni- und Domfriedhofs geändert worden. Für Löffelsend gehört die Ruhestätte zu den schönsten der Stadt.

Warum sie sich so weit entfernt von Dom und Magnikirche befindet? Nach einem Erlass des Braunschweiger Herzogs Karl I. im Jahr 1764 durften keine Begräbnisse mehr in und an den Kirchen stattfinden. Die Gründe: Platzmangel, vermeintlich schädliche Verwesungsdünste in der Stadt sowie der zunehmende Wunsch der Menschen nach einem stillen Umfeld für die Verstorbenen.

Henning Thobaben

So geht's zum Grabmal:

Johann Christian Burmester und seine Frau Caroline sind auf dem Areal des Domfriedhofs begraben. Eingänge befinden sich in Gerstäcker- und Ottmerstraße. Auf dem Übersichtsplan ist das Grab mit der Nummer 9 markiert.

Auf Beobachtungsposten: die Heiligen am Fachwerkhaus Damm 4.

14

Damm 4

Haus mit Heiligen

Ernst und würdevoll blicken sie auf die Passanten hinab. Ein schönes, schattiges Plätzchen unter dem hervorspringenden Dach haben sie auch jeweils abbekommen: Schlecht haben es die Heiligenfiguren am Gebäude „Damm 4“ nun wirklich nicht getroffen. Das findet auch Architekturhistoriker Elmar Arnhold, der sich intensiv mit dem Gebäude und den Figuren beschäftigt hat. Natürlich kennt er auch die Namen der Heiligen „Das sind Ulrich, Hieronymus, Cosmas, Damian, die Heiligen Drei Könige und andere“, stellt er vor.

Über den Holzfiguren befinden sich sogenannte Knaggen, das sind vorspringende Holzkonsolen.

„Ungewöhnlich und deshalb interessant sind die Figuren auch deshalb, weil sie wie das Fachwerkhaus aus der Zeit um 1522 stammen, also nur wenige Jahre, bevor die Reformation in der Stadt Heinrichs des Löwen Einzug hielt. Das war 1528", ergänzt Arnhold, der Experte für mittelalterliche und frühneuzeitliche Architektur ist.

Der Heilige Ulrich.

Auch über den Erbauer des prachtvollen Gebäudes hat er einiges recherchiert. Seine genaue Identität sei zwar unbekannt, Arnhold vermutet jedoch, dass dieser ein wohlhabender Kaufmann gewesen sei. Darauf deute der Figurenschmuck im Besonderen, aber auch die vielen Schnitzereien und die prachtvolle Ausgestaltung im Besonderen hin.

Vom reichen Schnitz- und Zierwerk ist heute leider nur noch sehr wenig erhalten. An einigen Stellen, zum Beispiel unter den Fenstern der zweiten und dritten Etage, kann man noch die Reste gotischer Maßwerkverzierungen erkennen. Die eigentlichen Verzierungen wurden um 1830 abgeschlagen und das ganze Haus entsprechend des Geschmacks der Biedermeierzeit verputzt. Damals waren die Menschen des Fachwerks überdrüssig und wollten stattdessen Häuser aus Stein – oder wenigstens solche, die so aussahen, als seien sie aus Stein. Die imposante Erscheinung des Fachwerkhauses hat leider darunter gelitten. Nicht zuletzt aber auch dadurch, dass Ende des 19. Jahrhunderts in das Erdgeschoss ein Ladengeschäft mit großen Schaufenstern hineingebaut wurde. Dazu musste damals die große Toreinfahrt umgebaut werden. Noch heute ist die alte Position und Größe der Einfahrt erkennbar.

Architekturhistoriker Arnhold vor der ehemaligen Toreinfahrt.

Und noch einen Hinweis hat der Experte parat: „Im 19. Jahrhundert war das Haus, ursprünglich ein Speichergebäude, dann ein Gasthof, *Thüringer Hof* genannt. Darauf weist, am Übergang zum Dach, eine Inschrift in goldenen Lettern hin.“ Dort steht gut leserlich: *Thüringer Hof* und *renoviert 1908*. Einkehren kann man hier allerdings schon lang nicht mehr.

Jörg Porsiel

So geht's zum Damm 4:

Wie nicht anders zu erwarten, befindet sich das Haus in der Straße Damm, inmitten der Fußgängerzone an der Schnittstelle der drei alten Straßen Hutfiltern, Kattreppeln und Damm.

Hinter Aegidien

Vom Froschkönig und von Dornröschen

Mitten in der Stadt und dennoch abgeschieden liegt die ehemalige *Aegidienfreiheit*, im Mittelalter einer von zwei Sonderrechtsbezirken innerhalb der Stadt Heinrichs des Löwen. Der andere war die *Burgfreiheit* mit dem Dom und der Burg Dankwarderode.

Heike Pöppelmann, Direktorin des Braunschweigischen Landesmuseums, sitzt auf dem Rand eines alten Brunnens im Schatten großer Kastanien inmitten eines idyllischen Gartens, so als würde sie geradewegs auf den Froschkönig warten.

„Die meisten wissen gar nicht, dass sich hier – unweit des vorbeibrausenden innerstädtischen Verkehrs – eine wahre Insel der Ruhe verbirgt, nämlich dieser Garten", sagt Archäologin Pöppelmann. „Nicht nur, dass man hier im Schatten alter Bäume im wahrsten Sinne des Wortes seine Ruhe hat, man kann hier auch jede Menge Geschichte und Geschichten erfahren.

Aber: Wo soll man anfangen? Vielleicht beim Offensichtlichen. Das Offensichtliche ist erst einmal die Kirche St. Aegidien mit dem direkt angrenzenden Aegidienkloster. Kirche und Benediktinerkloster wurden 1115 gestiftet. Sie waren zentraler Teil der *Aegidienfreiheit*. Heute ist der Rest des Klosterkreuzgangs, der um 1150/60 errichtet wurde, „der älteste erhaltene Bau Braunschweigs und damit etwas älter als der von Heinrich dem Löwen in der zweiten Hälfte des 12. Jahrhunderts erbaute Dom", weiß die Wahl-Braunschweigerin fachkundig zu berichten.

Nachdem die Kirche 1278 durch ein Feuer zerstört worden war, kam in der ersten Hälfte des 14. Jahrhunderts eine neue, die heutige, hinzu. Die Aegidienkirche ist eine der ältesten Kirchen der Stadt und dient seit Ende 1948 wieder als katholisches Gotteshaus. Das Benediktinerkloster wurde im Zuge der Reformation in ein Frauenkonvent umgewandelt und die Gebäude seit 1832 als Gefängnis für den Kreis-

Heike Poppelmann mit Gutenberg und König.

gerichtsbezirk Braunschweig verwendet. Auch die Geschichte der Kirche ist wechselvoll: Ursprünglich als Gotteshaus genutzt, diente sie nach 1811 als eine Art Mehrzweckhalle, anschließend als Zeughaus und Museum und schließlich wieder als Kirche.

Auf der Südseite von Kirche und Kreuzgang schließt sich seit 1906 der aus dem frühen 14. Jahrhundert stammende Chor des ehemaligen Paulinerklosters der Dominikaner an. Das Kloster stand ursprünglich einige hundert Meter entfernt am Bohlweg, bis es dort 1903 abgerissen wurde, um den neuen Regierungsgebäuden des Herzogtums Braunschweig Platz zu machen. Nur der Chor wurde seinerzeit vorsichtig ab- und hier wieder aufgebaut, um seit der Eröffnung 1906 als Museum zu dienen.

Alle Gebäude - Kirche, Benediktinerkloster und ehemaliger Paulinerklosterchor - umschließen auf drei Seiten einen Innenhof, der wie „ein verwunschener Garten mit einem Brunnen unter einer riesigen alten Kastanie anmutet", schwärmt die Museumsdirektorin.

Dieses Verwunschene beginnt bereits am Garteneingang im Westen des Grundstücks, das an die Straße Hinter Aegidien grenzt. Hinter Aegidien macht den Eindruck einer uralten Straße, denn sie besteht noch aus Kopfsteinpflaster. So richtig Verkehr gibt es dort aber nicht, denn sie ist nicht lang und zudem eine Sackgasse. Also, man kommt von Westen und sieht außer Kirche, Chor und Garten erst einmal einen hohen alten schmiedeeisernen Zaun. „Dieser Zaun stammt aus dem 18. Jahrhundert und stand vorher – bis zum Abriss des Dominikanerklosters – ebenfalls am Bohlweg, bevor er zusammen mit dem Chor hierher verpflanzt wurde", berichtet Pöppelmann. Man betritt den Garten durch ein großes schmiedeeisernes Tor, das von zwei mächtigen viereckigen Steinsäulen flankiert wird. Auf diesen Säulen sind verschnörkelt in großen geschmiedeten Lettern die Buchstaben *L* und *R*, darüber eine Herzogskrone zu sehen. Beide stehen für Welfen-Herzog Ludwig Rudolf von Braunschweig-Wolfenbüttel (1671–1735).

Betritt man nun den Innenhof mit Garten, so findet man links und rechts verschiedene Überreste, die vor langer Zeit bereits ihren ursprünglichen Nutzen verloren haben, aber hierher sozusagen in Sicherheit gebracht wurden, um sie der Nachwelt zu erhalten. Da sind zum Beispiel mehrere alte Grabplatten und Epitaphe aus dem 17. und

18. Jahrhundert zu sehen oder zwei Statuen, die Johannes Gutenberg (um 1400–1468), Erfinder des modernen Buchdrucks in Europa, und Friedrich König (1774–1833), den Erfinder der Schnellpresse, zeigen. „Die standen früher am Pressehaus der *Braunschweiger Zeitung,* als dieses noch am Hutfiltern war", ergänzt Pöppelmann.

In einer Ecke des parkähnlichen Gartens, unmittelbar an die Turmreste im Westen der Kirche grenzend und damit etwas abseits gelegen, steht ein Renaissancetorbogen, der ursprünglich zum Kloster Riddagshausen gehörte. An ihm rankt nun eine Rose empor. „Da muss ich unweigerlich an Dornröschen denken", sagt die Geschichtsinteressierte schmunzelnd. „Und wenn ich dann an den Brunnen aus dem späten 15. Jahrhundert denke, fällt mir der Froschkönig ein", sagt sie und setzt sich dabei auf den kreisrunden steinernen Brunnenrand.

Jörg Porsiel

So geht's zu Hinter Aegiden:

Die Straße Hinter Aegidien, unmittelbar an der Westseite der höher gelegenen Aegidienkirche, erreicht man von Osten über den Treppenaufgang von der Stobenstraße her oder von Norden über den Aegidienmarkt oder aber von Westen, vom Lessingplatz, vorbei am Lessing-Denkmal.

Zugemauertes Fenster

Spuren aus der Karolingerzeit

Dass sich die Wand eines frisch verputzten Einfamilienhauses von der Außenmauer eines jahrhundertealten Gotteshauses unterscheidet, versteht sich von selbst. Doch auf der Nordseite der kleinen Kirche Zum heiligen Leiden Christi in Stöckheim zeichnet sich auf der nördlichen Seite des Kirchenschiffs deutlich etwas ab, das beim Betrachter Fragen aufwirft: Hellere Steine und ausgebesserte Mörtelfugen zeigen, dass hier einmal ein kleines Fenster zugemauert wurde. Recherchen dazu führen in die Baugeschichte des Gebäudes.

Rudolf Zehfuß hat sich in der Vergangenheit umfangreich mit der Geschichte der Kirche beschäftigt und ist im Staatsarchiv sowie im Landeskirchlichen Archiv in Wolfenbüttel auf zahlreiche Dokumente gestoßen, die er in mühevoller Arbeit auswertete. Dass die noch heute auf dem Putz zu erkennenden Umrisse des früheren Fensters in die tiefste Vergangenheit zurückführen, daran hat Zehfuß keinen Zweifel. „Das Fenster stammt aller Wahrscheinlichkeit nach noch aus der Karolingerzeit", erklärt er. Die erstmalige urkundliche Erwähnung Stöckheims im Jahr 1007 stellt für den Stadtteil-Heimatpfleger keinen Widerspruch dar. „Laut Ortsnamensforschung ist davon auszugehen, dass Stöckheim bereits 200 Jahre früher existiert hat", sagt Zehfuß.

„Das Fenster stammt aller Wahrscheinlichkeit nach noch aus der Karolingerzeit."

Die Kirche, so der Hobbyhistoriker, habe an einer exponierten Stelle im Dorf gestanden. Vermutlich sei sie auf einem heiligen Hain errichtet worden, merkt er in Bezug auf die kleine Anhöhe an der Oker an. In den 1960er-Jahren durchgeführte Grabungen hätten anhand der Fundamente eine alte Steinkapelle nachgewiesen. Der später angebaute Turm ist etwas in diese Kapelle eingerückt – für Zehfuß kein Stilmittel, sondern notwendiges Übel. „Da Kirchtürme immer in Rich-

Ob dort einmal ein Fenster war? Die Antwort auf die Frage kennt Rudolf Zehfuß.

tung Westen ausgerichtet sind, wurde der Platz knapp", erklärt der Stöckheimer. Schließlich befinde sich hier der Oker-Steilhang und zu nahe an den Fluss heran habe man nicht bauen wollen. Dass dies eine gute Entscheidung war, zeigte sich in den Jahren 1627 und 1641. Als die belagernden Truppen der Katholischen Liga und später die welfisch-schwedischen Truppen während des Dreißigjährigen Kriegs mithilfe des sogenannten Schwedendamms die Oker aufstauten, um Wolfenbüttel unter Wasser zu setzen, wäre die Kirche auch so schon beinahe weggeschwemmt worden.

Das karolingische Fenster, so Zehfuß, sei vermutlich im 19. Jahrhundert zugemauert worden – weil es schlichtweg viel zu klein gewesen sei und kaum Lichteinfall ermöglicht hatte. Im Zuge umfangreicher Sanierungs- und Umbaumaßnahmen von 1820 bis 1823 seien die noch heute vorhandenen vier rechteckigen Großfenster auf der Nord- und Südseite des Kirchenschiffs eingebaut worden. Aus dieser Zeit stammende Veränderungen an der Fassade sind übrigens auch an anderer Stelle zu entdecken: Über der heutigen Eingangstür auf der Südseite sowie auch gegenüberliegend wurden damals die Zugänge zur Prieche, dem abgesonderten Emporensitzbereich der höheren Stände, angebaut. Die Zugänge wurden im Zuge der Wiederaufbauarbeiten an der stark beschädigten Kirche infolge der Luftangriffe der Alliierten im März 1945 zugemauert und die Priechen entfernt.

Henning Thobaben

So geht's zum zugemauerten Fenster:

Die Kirche Zum heiligen Leiden Christi befindet sich im Kirchenbrink 3c in Stöckheim. Das Relikt ist auf der Nordseite des Kirchenschiffs zu entdecken.

Der Rest der Stadtmauer von Süden.

17

Stadtmauer

Rest der spätmittelalterlichen Stadtbefestigung

Der Prinzenweg, die im rechten Winkel davon abgehende Echternstraße und das an beide anschließende Michaelisviertel gehören zu den „richtig alten Orten Braunschweigs", so die geborene Braunschweigerin Inka Schlaak. „Das ist historischer Boden im wahrsten Sinn des Wortes: uralte Fachwerkbebauung, Kopfsteinpflaster, kleine, zum Teil schräge Hauswände. Hier verläuft auch der letzte Rest der südlichen Stadtmauer aus dem Spätmittelalter. Das ist neben den Fachwerkhäusern im Magniviertel einer der wenigen Orte, an denen man das alte Vorkriegs-Braunschweig noch erahnen kann", fährt sie fort. Mit Vorkriegs-Braunschweig ist das Braunschweig vor dem verheerenden Bombenangriff vom 15. Oktober 1944 gemeint, als die größten Teile der historischen Bausubstanz der Stadt im mehrtägigen Feuersturm unwiederbringlich zerstört wurden.

Fünf bis sechs Meter ragt die Mauer in die Höhe, nach oben hin verjüngt sie sich. An ihrer Nordseite steht Inka Schlaak im kühlen Schatten. Auf der Südseite, die mittlerweile mit Efeu schon halb zugewachsen ist, scheint hingegen gerade die pralle Sonne. Nur ein paar Meter trennen hier die alte Stadtbefestigung von der Oker, die als weiterer Schutz vor feindlichen Angriffen diente und im Osten und im Westen um die Stadt herumführte. Die Mauer selbst sieht mit den unterschiedlich großen, grob behauenen Steinen noch immer sehr imposant aus. Aber: An einer Stelle, das kann man besonders gut an dem Platz sehen, wo Lokalhistorikerin Schlaak gerade steht, hat sich im Laufe der Zeit ein deutlicher mehrere Meter langer, von unten nach oben im Zickzack laufender Riss im alten Gemäuer gebildet.

Ines Schlaak zeigt auf den Riss in der Mauer.

Verschiedene archäologische Grabungen und dendrochronologische Untersuchungen haben ergeben, dass die Mauer bereits zu Zeiten Heinrichs des Löwen errichtet wurde – das war um das Jahr 1178. Mehrere zeitgenössische Chronisten, darunter Albert von Stade (ca. 1187–1264), berichteten davon und sogar Heinrich der Löwe selbst ließ in dem von ihm in Auftrag gegebenen Evangeliar (entstanden um 1188) auf den Bau dieser imposanten Stadtmauer hinweisen: „Er schmückte seine Stadt mit Kirchen und befestigte sie mit einer Mauer.“ Im Laufe der Jahrhunderte wurden diese Mauern natürlich immer wieder erhöht, erweitert und verstärkt, zum Beispiel durch Türme und durch überdachte und dadurch geschützte Laufgänge für die Verteidiger. Aber davon ist heute leider so gut wie nichts mehr erhalten – außer dem Wehrgang an der Echternstraße mit einem sich daran anschließenden kleinen Turm. „Bis zum 18. Jahrhundert war diese Mauer dann schließlich zu einer komplexen Stadtbefestigung geworden", fügt Inka Schlaak noch hinzu. Ihre erste Bewährungsprobe musste die Stadtmauer übrigens bereits im Jahre 1200 gegen die anstürmenden Truppen Philipps von Schwaben bestehen. Das tat sie auch mit Bravur, die Stadt konnte nicht erobert werden und die Angreifer mussten schließlich geschlagen wieder abziehen.

Heute stehen Wohn- und Handwerkerhäuser direkt an der Mauer, an die sie vor ein paar Jahrhunderten gebaut wurden. Das geschah aber erst, als die Stadtmauer ihre eigentliche Bedeutung als Verteidigungswerk verloren hatte. Vorher war es sogar verboten, direkt an die Mauer zu bauen, denn im Falle einer Belagerung mussten die Verteidiger der Stadt freien Zugang zu Laufgängen und Türmen haben und Häuser an der Mauer hätten dies erschwert. In dem Fall wäre es ein Risiko gewesen, wenn es den Belagerern gelungen wäre, sie in Brand zu setzen. Erst später also nahmen die dort lebenden Bürger die Mauer sprichwörtlich in Besitz, indem sie Häuser und Schuppen direkt daran bauten und sich auf diese Weise eine Hauswand sparen konnten.

„Im Laufe der Jahrhunderte entwickelte sich die Waffentechnik, insbesondere die der Kanonen, kontinuierlich weiter und deren Wirkung wurde immer verheerender, sodass eine bloße Stadtmauer oder auch später im 18. Jahrhundert ausgeklügelte Befestigungsanlagen der Stadt Braunschweig am Ende des 18. Jahrhunderts schlichtweg nicht mehr zeitgemäß waren. Auch ließ der Wille der Bevölkerung nach, für den Unterhalt der Verteidigungsanlagen aufzukommen, sodass die Stadtmauer schließlich nicht nur verfiel, sondern auch keinen echten Schutz mehr bieten konnte", erklärt die Braunschweigerin weiter. „Natürlich hatte die Stadt auch Kanonen – allen voran ein *Faule Mette* (siehe Geheimnisbuch 1) genanntes Riesengeschütz. Seinerzeit die größte Kanone auf deutschem Boden. Es soll 1411 vom Braunschweiger Geschützgießer Henning Bussenschutte gegossen worden sein, kam aber wegen seines Gewichts von mehreren Tonnen und seiner Ausmaße nur sehr selten zum Einsatz. Der letzte Schuss wurde 1717 zur Feier des 200. Jahrestages der Reformation abgefeuert." Bald darauf wurde die *Faule Mette* eingeschmolzen. Sie hieß übrigens genau deshalb so, weil sie so schwer war und es deshalb so mühselig war, sie von einem Ort zum anderen zu bewegen, weshalb sie meist *faul* am selben Ort stand.

Auch die Stadtmauer und die -befestigung als Ganzes hatten schließlich ausgedient, weil sie von der sich immer schneller entwickelnden Waffentechnik längst überholt worden waren. Um das Jahr 1800 beschloss der Braunschweigische Herzog Karl Wilhelm Ferdinand (1735–1806), dass die gesamten Verteidigungsanlagen rund um die Stadt geschleift, also abgerissen und zu Parkanlagen und Gärten für die Städter umfunktioniert werden sollten. Architekt Peter Joseph Krahe (1758–1840) erhielt vom Herzog den Auftrag, den Beschluss umzusetzen. Dadurch entstand nach und nach der noch heute existierende Wallring – früher Promenade genannt.

Der Mauerrest am Prinzenweg ist übrigens nicht das Einzige, was von der Stadtmauer übrig geblieben ist, weiß Inka Schlaak noch zu berichten. „Es gibt über das Stadtgebiet verteilt noch hie und da größere und kleinere Mauerreste, die allerdings heute kaum mehr auffallen, weil sie oft nur noch in einigen alten Kellern oder als Teil von Gebäuden vorhanden sind. Ein Teil ist zum Beispiel auf dem Hof der Kennedy-Schule noch zu sehen. „Aber", sagt Inka Schlaak fast wehmütig, „das weiß heute kaum noch jemand."

Jörg Porsiel

So geht's zur Stadtmauer:

Der Rest der einstigen Stadtmauer befindet sich auf der Südseite des Prinzenweges an der Einmündung zur Güldenstraße.

Heiko Nerenz hat sich intensiv mit der Geschichte der alten Konservenfabrik Brunsviga *beschäftigt.*

18

Fabrikgebäude

Kultur ersetzt Weißblech in der Karlstraße

Heute strömen Besucher an vielen Abenden im Jahr in die Brunsviga in der Karlstraße. Konzerte, Theater, Comedy und noch vieles mehr wird dem Publikum auf den Bühnen des Kulturzentrums im Östlichen Ringgebiet Braunschweigs geboten. Nur die Inschrift auf einem symbolischen Mauerstein erinnert neben dem nachgeahmten Original-Schriftzug noch an das, was in dem Gebäude über viele Jahrzehnte hinweg vor sich gegangen ist: *Gemeinschaftshaus in der ehemaligen Konservenfabrik* ist dort zu lesen, was aber noch nichts über die große Bedeutung des entsprechenden Industriezweigs für die Wirtschaft der Stadt verrät.

„Viele Menschen wissen nicht, dass Braunschweig einst Zentrum der deutschen Konservenindustrie war", sagt Heiko Nerenz, der sich nicht nur mit der Geschichte der Stadt im Allgemeinen, sondern auch deren wirtschaftlicher Entwicklung im Speziellen intensiv beschäftigt hat. Vor dem Ersten Weltkrieg seien rund zwei Drittel der deutschen Gemüsekonserven in Braunschweig produziert worden, so der Autor vieler Internetlexikon-Beiträge.

Die Gründe dafür sind vielfältig und gehen auch auf Innovationen technischer Natur zurück. Als einer der Wegbereiter der Konservenindustrie gilt der Braunschweiger Baron Wilhelm Eberhard Anton von Campen, der von 1820 bis 1830 als Diplomat in Frankreich tätig war und dort das von Nicolas Appert entwickelte Konservierungsverfahren kennengelernt hatte. Zurück in Braunschweig wollte der passionierte Jäger von Campen seine Beute so konservieren lassen, wie er es in Frankreich erlebt hatte. Unterstützung erhielt er wenig später von Chemiker Franz Varrentrapp, der sich für die Haltbarmachung von Lebensmitteln wie Spargel in Metalldosen starkmachte. Dessen Vortrag vor den Mitgliedern des Braunschweiger Gewerbevereins verfolgten auch die beiden Klempnermeister P. W. Daubert und Pillmann. Ersterer gründete 1851 die erste Braunschweiger Spargelfabrik – im Sinne einer Konservierung des Gemüses in Dosen.

Nur der Schriftzug erinnert noch an das einstige Industriegebäude.

Hilfsmaschinen wie die Löchtemaschine zum Enthülsen von Erbsen, Falzdosen sowie Verschlussmaschinen sorgten für einen weiteren Aufschwung der Industrie. Nicht zu vergessen: der Autoklav – ein Kessel, in dem Stoffe unter hohem Druck über ihren normalen Siedepunkt hinaus erhitzt und sterilisiert werden konnten. „Zwischen 1875 und 1900 wurden in Braunschweig 34 Konservenfabriken gegründet", weiß Nerenz. Eine davon sei die Brunsviga gewesen, deren Gründung in der Literatur überwiegend auf das Jahr 1895 datiert wird. Sie habe zu den kleineren einer boomenden Branche gehört. „Durch den schnell ansteigenden Bedarf an haltbaren Lebensmitteln während des Ersten Weltkriegs setzte zu dieser Zeit eine Massenproduktion ein", erläutert der Hobbyhistoriker. Diese wurde bald darauf durch die Zerstörungen von Fabrikanlagen im Zuge des Zweiten Weltkriegs gedämpft. Später setzten der Industrie die Gründung der Europäischen Wirtschaftsgemeinschaft im Jahr 1957 und der dadurch resultierende Konkurrenzdruck sowie die deutsche Teilung zu.

„Neun von zehn Beschäftigten in der Braunschweiger Konservenindustrie waren ungelernte Frauen, die in niedrig bezahlter Saison- und Heimarbeit körperlich anspruchsvolle Tätigkeiten verrichteten", berichtet Nerenz von problematischen Bedingungen in der Branche. In der Brunsviga seien vor allem Frauen aus Griechenland und dem türkischen Izmir beschäftigt gewesen, die im angrenzenden Wohnheim gelebt hätten, so der Braunschweig-Experte.

Während viele Konservenfabriken der Stadt bereits in den 1960er- und 70er-Jahren schlossen, wurde in der Brunsviga bis 1981 Spargel in Dosen abgefüllt. Anschließend erwarb die Stadt das Fabrikgelände. Nach langen Diskussionen um eine Nachnutzung beschloss die Politik letztlich einen Umbau mit Teilabriss. Die Arbeiten begannen 1988. Über die Folgejahre hinweg entstanden Kindertagesstätte, Kinderhaus mit Ganztagsbetreuung für Schüler sowie das Kulturzentrum gleichen Namens.

Henning Thobaben

So geht's zum Fabrikgebäude:

Es steht in der Karlstraße 35 im Östlichen Ringgebiet Braunschweigs.

nschütz·in·der·not·Darumb·hoffen·auff·dich·die·deinen·namen·kennen·den·dü·uer·lesset·nich
15
88

19

Zahlen

Aufopfernder Dienst am Nächsten

Wie lautet sie denn nun, die Hausnummer dieses schmucken Fachwerkhäuschens in den Ölschlägern? 15 oder 88? Schließlich steht links der runden Eingangstür eine 15 und rechts eine 88. „Weder noch", lacht Historikerin Andrea Kienitz, die sich intensiv mit dem Haus und seiner Geschichte beschäftigt hat. „Die Hausnummer lautet 13." Und was hat es dann mit der 15 und der 88 auf sich? „Man muss die Zahlen zusammenhängend lesen", erklärt die Historikerin. „Das ist eine Jahreszahl." Jetzt, wo sie es sagt, scheint das trotz der Trennung durch die Tür vollkommen logisch. Dann wurde das Haus also 1588 gebaut? Wieder falsch. „Umgebaut", konkretisiert Andrea Kienitz. „Die Geschichte des Hauses geht noch viel weiter zurück. Und sie hängt mit den Beginen zusammen." Das hier war nämlich einst ein Beginenhaus.

„Beginen und die nach ihnen benannten Häuser gab es früher ziemlich viele – nicht nur in Braunschweig", fügt sie hinzu. „Die meisten entstanden im Mittelalter. Heute gibt es in Braunschweig keine Beginen mehr und die meisten ihrer Häuser sind verschwunden und mit ihnen ihre Geschichte", stellt sie mit Bedauern fest. Kienitz kennt sich aus mit der Geschichte der Beginen in Braunschweig.

Beginen – ein äußerst merkwürdiges Wort, dessen Ursprung und Bedeutung längst in Vergessenheit geraten sind. Bekannt hingegen ist, was sich dahinter verbarg: Als Beginen bezeichneten sich ledige oder verwitwete Frauen, die sich meist aus religiöser Überzeugung zu einer klosterähnlichen Lebensgemeinschaft zusammenschlossen, um ein gottgefälliges Leben im Dienst der Nächstenliebe zu führen und gemeinsam ein Haus zu bewohnen – sozusagen eine mittelalterliche Wohngemeinschaft.

In Braunschweig sind Beginen und ihre Häuser seit dem Ende des 13. Jahrhunderts nachweisbar. Dieser Zusammenschluss von Laien hatte für die Frauen gleich mehrere Vorteile. Alleinstehende Frauen,

Historikerin Andrea Kienitz steht im Eingang des geschichtsträchtigen Hauses.

sofern sie nicht adeliger Herkunft waren, hatten in der Regel kein eigenes Einkommen, da sie keinem Beruf oder Handwerk nachgehen konnten. War zum Beispiel der Ehemann verstorben und hatten sie keine Kinder oder Verwandte, bei denen sie unterkommen konnten, bot die Aufnahme in einen Beginenkonvent unter anderem die Möglichkeit einer gesicherten Altersversorgung bei gleichzeitigem gottgefälligen Lebenswandel. Auch adelige vermögende Frauen entschlossen sich für dieses Leben im Dienst der Nächsten. Sie legten bei Eintritt in den Konvent ein Gelöbnis persönlicher Besitzlosigkeit ab und spendeten ihr Vermögen für die karitative Arbeit des Konvents, in den sie aufgenommen wurden. Allen Beginen gemein war dabei, dass sie der Beginengemeinschaft aus religiöser Überzeugung beitraten, um Aufgaben zu übernehmen, die sonst kaum jemand übernehmen wollte. So engagierten sie sich zum Beispiel in der damals nicht vorhandenen Mädchenbildung, aber auch Alltagstätigkeiten wie Wäschewaschen oder Näharbeiten führten sie aus. Darüber hinaus kümmerten sie sich um die Pflege kranker Menschen und übernahmen sogar die Totenwache und Waschung der Toten.

Die Beginenhäuser gingen meist auf Stiftungen wohlhabender Bürger oder Adeliger zurück – so auch das Haus im Magniviertel mit der Jahreszahl *1588*. Ganze 18 solcher Stiftungen soll es in der Löwenstadt gegeben haben. Manche verlangten eine Art Aufnahmegebühr, andere nahmen nichts und kamen für sämtliche Kosten auf. Das Leben in diesen Häusern gewährte den alleinstehenden Frauen also ein wenn auch arbeitsreiches, so doch relativ sorgenfreies Leben. Ja, sogar ihre Bestattungskosten wurden meist übernommen. „Diese großzügigen Stiftungen der Reichen für die Armen waren übrigens nicht so ganz uneigennützig“, erklärt die versierte Braunschweig-Kennerin. „Tatsächlich stand dahinter oft die Absicht, durch die barmherzige Tat ein gottgefälliges Leben zu führen und dafür schließlich im Jenseits gebührend entlohnt zu werden.“

Das Fachwerkhaus mit der Jahreszahl 1588 ist eines der ältesten Beginenhäuser der Stadt. Am 30. Mai 1587 wurde es an die Witwe Anna Rieken übergeben, so ist es noch heute in den Akten nachzulesen. Das zweistöckige Gebäude war wohl ursprünglich ein Speicherhaus, also ein Haus, in dem Kaufleute ihre Waren lagerten und anboten. Das ist heute noch an den beiden Ladeluken auf dem Dach zu erkennen. Anna Rieken ließ das alte Haus und ein weiteres, sozusagen auf der Rückseite, heute Magnikirchstraße 6, instand setzen und beide Häuser miteinander verbinden. Zwischen ihnen befindet sich noch heute ein kleiner Innenhof, in dem die Bewohnerinnen sicherlich oft saßen. Die beiden Häuser wurden fortan nach ihrer Stifterin Riekensches Haus genannt. Nach Abschluss der Bauarbeiten wurde schließlich die Jahreszahl *1588* am dunkelroten Türbogen – links *15* und rechts *88* – angebracht. Im Laufe der Jahrhunderte wurde das Haus weiter verändert. Den Zweiten Weltkrieg überstand es offenbar unbeschadet – nur seine Bewohnerinnen, die Beginen, sind längst verschwunden. Irgendwann wurde auch die Verbindung zwischen den beiden Fachwerkhäusern wieder beseitigt und somit existieren heute wieder zwei voneinander unabhängige Gebäude.

„Das Haus Magnikirchstraße 6 wurde noch bis zu seinem Verkauf 1970 von einer anderen wohltätigen Stiftung, nämlich der von-Dammschen-Stiftung als Seniorenheim betrieben.“

„Übrigens: Das Haus Magnikirchstraße 6 wurde noch bis zu seinem Verkauf 1970 von einer anderen wohltätigen Stiftung, nämlich der von-Dammschen-Stiftung als Seniorenheim betrieben“, berichtet Wahl-Braunschweigerin Kienitz abschließend.

So sorgten also hier weit über 500 Jahre hinweg verschiedene Stiftungen betuchter Braunschweiger Bürger für ihre Nächsten. Die einen hatten im Diesseits etwas davon, die anderen versprachen sich etwas davon im Jenseits.

Jörg Porsiel

So geht's zu den Zahlen:

Das Haus mit der Jahreszahl 1588 links und rechts neben dem Torbogen liegt im Magniviertel und ist wegen der roten Fensterrahmen im Erdgeschoss nicht zu übersehen.

17

Parkskulpturen

Ein Hauch von Herzogtum am Inselwall

Die barocken Steinskulpturen im Inselwallpark können Spaziergänger nicht übersehen. An etlichen Stellen sind sie zu finden, gleich mehrere im Bereich der großen Fontäne. Auch Sabrina Brandes ist schon als Kind immer an ihnen vorbeigeschlendert. „Unbewusst begleiten sie mich schon sehr lange. Ich bin in der Okerstraße aufgewachsen und mein Schulweg führte durch den Park bis zu meiner Schule in der Pestalozzistraße", erzählt sie. Damals kümmerte sich die Lehndorferin nicht um deren Herkunft. Heute weiß sie, dass einige von ihnen eine adelige Vergangenheit haben.

Der Inselwallpark hat einiges zu bieten, was historisch Interessierte herausfordert. Da ist zum Beispiel die Villa Löbbecke, die ab 1880 im Auftrag der gleichnamigen Bankiersfamilie unter der Regie Constantin Uhdes errichtet wurde, im Dritten Reich als SS-Hauptquartier diente, schließlich im Bombenhagel zerstört und in den späten 1960er-Jahren wiederaufgebaut wurde. Und: An der Stelle des heutigen Springbrunnens stand einst die schlossartige Villa Bierbaum, in der 1864 Dichterin Ricarda Huch zur Welt gekommen ist.

Eine Jahreszahl findet sich auf einer der Skulpturen: 1716. Es ist genau diese Angabe, die Sabrina Brandes neugierig machte und sie zu weiteren Recherchen veranlasste. Heute weiß sie: Diese und weitere Skulpturen schmückten einst die prunkvolle Gartenanlage des Salzdahlumer Schlosses.

Wobei 1716 eine Berühmtheit gerade erst verstorben war, deren Name unzertrennlich mit der einstigen Schlossanlage verbunden ist: Herzog Anton Ulrich (1633-1714). Der wollte in Salzdahlum Sonnenkönig Ludwig XIV. nacheifern, dessen Residenz in Versailles ab 1661 nach und nach zu einer der größten und prächtigsten in ganz Europa erweitert wurde. Vor den Toren Braunschweigs und Wolfenbüttels war der Anspruch zwar ähnlich hoch, aber die finanziellen Mittel deutlich

Diese Gartenskulptur hat eine kurze Reise hinter sich. Dass sie einst im Park des Salzdahlumer Schlosses stand, hat Sabrina Brandes recherchiert.

geringer. „Aus diesem Grund entschieden sich der Herzog und sein Baumeister für einen Fachwerkbau", berichtet Brandes. Auch wenn Fundamente oder Elemente wie Säulen und Treppen aus Stein errichtet wurden – es war ein Holzpalast, dessen Sandsteinfassaden nach außen hin den Anschein erweckten, als sei das Schloss in Massivbauweise errichtet worden.

Im Schlossgarten befanden sich neben Pflanzenpracht unter anderem Teiche, Fontänen, Orangerie, Heckentheater und Irrgarten – sowie rund 160 Plastiken. Ab Ende des 18. Jahrhunderts verwilderte der Garten jedoch zunehmend, parallel wurde dem Gebäude die Holzbauweise zum Verhängnis. 1811 ging das Gebäude in den Besitz der Stadt Braunschweig über und wurde ab 1813 abgebrochen. Lediglich Reitbahn und Alte Wache sind erhalten geblieben. Einzelne Bauteile und Kunstgegenstände landeten in Museen, auf privaten Grundstücken oder städtischen Flächen. 23 Skulpturen aus dem Schlossgarten erwarb Bankier Löbbecke und schmückte damit sein weitläufiges Grundstück, den heutigen Inselwallpark.

„Aus diesem Grund entschieden sich der Herzog und sein Baumeister für einen Fachwerkbau."

Henning Thobaben

So geht's zu den Parkskulpturen:

Die Objekte befinden sich verstreut auf dem Areal am Nordwestrand der Innenstadt im Inselwallpark.

Malerisch und verwunschen steht das Invalidenhäuschen im Schatten alter Bäume. Rechts ist das Schill-Denkmal zu sehen.

21

Invalidenhäuschen

Scheinidylle am Straßenrand

Wie verwunschen mutet das kleine, alte Haus an, das auf einer grünen mit großen alten Bäumen bestandenen Insel inmitten des vorbeiflutenden Alltagsverkehrs steht. Schon viele, die hier tagtäglich vorbeigekommen sind, werden sich gefragt haben, was es mit diesem schmucken Häuschen, das geradezu verloren an dieser Stelle wirkt, wohl auf sich haben mag.

Tatsächlich steht das Haus nicht ganz allein auf dieser grünen Insel in unmittelbarer Nähe zum Hauptbahnhof. Einige Meter entfernt auf einem Hügelchen befindet sich ein altes Denkmal, bestehend aus einer viereckigen steinernen Säule mit einem großen schwarzen Balkenkreuz aus Metall obendrauf. Es handelt sich um das Schill-Denkmal, das 1837 an dieser Stelle zum Gedenken an Major Ferdinand von Schill (1776-1809) und 14 seiner Soldaten errichtet wurde. Schill und seine Soldaten kämpften 1809 gegen die Truppen Napoleon Bonapartes. 1809, während der sogenannten Franzosenzeit in Braunschweig, als Stadt und Herzogtum von französischen Truppen besetzt waren, wurde Schill im Kampf getötet und 14 seiner Gefolgsleute an dieser Stelle hingerichtet und begraben.

Aber zurück zu dem kleinen Häuschen. Es wurde 1840 nach Plänen von Heinrich Friedrich Uhlmann, einem Schüler des berühmten Braunschweiger Hofbaumeisters Carl Theodor Ottmer (1800-1843) errichtet. Nach Ottmers Plänen wurden zum Beispiel auch das Braunschweiger Schloss und der Alte Bahnhof erbaut.

Das Häuschen ist ein niedriges dreigliedriges Gebäude, das den Anschein erweckt, aus Stein erbaut zu sein. Tatsächlich aber handelt es sich um ein Fachwerkhaus, das verputzt wurde, damit es so aussieht, als sei es aus Stein. An seiner Südostecke befindet sich ein gedrungener Glockenturm, weshalb das Haus auch manchmal als Schill-Kapelle bezeichnet wurde. An diesen Turm angebracht ist eine Metalltafel mit der Inschrift *Dem Andenken des Jahres 1809, des Jahres voll Ruhm und Unglück geweihet.*

Das Schill-Denkmal erinnert an die Hinrichtung von 14 Schill'schen Soldaten.

Zweck des Häuschens war es 1840, einem Veteranen oder Kriegsinvaliden der Befreiungskriege gegen Napoleon ein Zuhause zu geben – so erhielt das Gebäude den Namen Invalidenhäuschen. Als Gegenleistung für die kostenlose Unterkunft hatte der Bewohner die Aufgabe, auf das Denkmal aufzupassen, es zu pflegen, aber auch Besuchern die Geschichte der Anlage zu erzählen. Der erste Veteran, der dort wohnte, war Gottfried Möring aus Calvörde (seinerzeit eine Exklave des Herzogtums Braunschweig). So viel zum idyllischen Plätzchen an der Schillstraße.

Viele Jahre später, mitten im Zweiten Weltkrieg, befand sich jedoch in unmittelbarer Nachbarschaft von Denkmal und Invalidenhäuschen ein Konzentrationslager der Nazis, das KZ-Außenlager Schillstraße. Die Nationalsozialisten errichteten dieses Außenlager des viel größeren KZs Neuengamme bei Hamburg erst im November 1944, nur knapp ein halbes Jahr vor Kriegsende, um dort Zwangsarbeiter für diverse Braunschweiger Industrieunternehmen unter unmenschlichen Bedingungen unterzubringen. Am 12. April 1945 wurden die letzten Lagerinsassen von Einheiten der US-Army, die in den Morgenstunden des Tages auf dem Weg nach Berlin in Braunschweig einmarschierten, befreit.

Nach bald 200 Jahren und vielem Hin und Her erfüllt das Invalidenhäuschen heute einen ganz anderen Zweck: In ihm befindet sich seit dem Jahr 2000 das *Offene Archiv* der Gedenkstätte KZ-Außenlager Schillstraße des *Arbeitskreises Andere Geschichte e. V.* und erinnert an dieses grausame Kapitel deutscher Geschichte – inmitten eines scheinbaren Idylls.

Jörg Porsiel

So geht's zum Invalidenhäuschen:

Es befindet sich an der Ecke Schillstraße/Leonhardplatz, schräg gegenüber der Stadthalle und hat heute sogar eine eigene Hausnummer: Schillstraße 25.

Viele übersehen diese achteckige Säule. Nicht so Peter Matuschuak: Er hat sich ausführlich mit dem Gedenkstein beschäftigt.

22

Gedenkstein

Platz für Goethes und Lessings Werke

Der Hagenmarkt ist für viele kein Ort zum Verweilen. Der motorisierte Verkehr rauscht hier in Massen über die Kreuzung. Allenfalls auf einer der Sitzbänke am 1874 errichteten Heinrichsbrunnen nimmt der eine oder andere Passant Platz. Was oft übersehen wird: Ein Gedenkstein erinnert am Hagenmarkt an ein wichtiges Stück Braunschweiger Kulturgeschichte.

Wenn Peter Matuschak an dem achteckigen Säulenschaft an der Südseite des Platzes lehnt und die Worte der Inschrift liest, ist er immer wieder von Ehrfurcht erfüllt. Lessings *Emilia Galotti*. Goethes *Faust*.

Beide Stücke wurden einst an diesem Ort uraufgeführt. Daran erinnert auch der Satz auf dem Stein: *Hier stand bis 1884 das Herzogliche Opernhaus*. Matuschak engagiert sich seit 2015 als Stadtführer, weil seine Frau ihn einst dazu gemacht hat. „Ich habe früher öfter mal Bekannte durch die Stadt geführt und gefährliches Halbwissen verbreitet. Später hat meine Frau das recherchiert und gesagt: So geht das nicht weiter", verrät er.

Lang schon ist aus dem Halbwissen tiefe Fachkenntnis geworden – so auch über das Opernhaus, das einst hier stand und dessen Ursprünge streng genommen am Wolfenbütteler Hof liegen, wo im 17. Jahrhundert Herzog August mit seiner Gattin Sophie residierte. Deren Sohn Anton Ulrich war beeindruckt von einem Besuch bei Ludwig dem XIV. - der mit seiner prunkvollen Hofkultur sowie seiner Förderung von Kunst und Wissenschaft, Frankreich zum Vorreiter in ganz Europa machte. Dem wollte Anton Ulrich nacheifern und so dem Fürstentum Braunschweig-Wolfenbüttel ebenfalls zu kultureller Blüte verhelfen.

Leicht zu übersehender Gedenkstein auf dem Hagenmarkt.

Kurzentschlossen ließ der Fürstensohn vorhandene Bausubstanz umgestalten und am 4. Februar 1690 war es dann so weit: Die Eröffnungspremiere ging im neuen Opernhaus am Hagenmarkt über die Bühne. In der Anfangszeit sorgten Soldaten im Zuschauerraum für Ordnung und übernahmen gleichzeitig die Rolle der Platzanweiser und Logenschließer. 60 Leibgardisten wurden für die Arbeit an der Bühnenmaschinerie abgeordnet.

Das sogenannte gemeine Schauspiel hatte in dem Haus lange keinen Platz, was sich erst ab den 1760er-Jahren ändern sollte. Die Nähe des Opernhauses zum Wohnort von Gotthold Ephraim Lessing sorgte dafür, dass Schauspielgruppen auf seine Werke zurückgriffen. Am 13. März 1772, dem Geburtstag von Herzogin Philippine Charlotte

(1716-1801), erfolgte die Uraufführung von *Emilia Galotti*. Rund ein Jahr lang sollte das Stück in Braunschweig laufen – Lessing selbst blieb den Aufführungen stets fern.

Ein gutes halbes Jahrhundert später folgte der zweite Meilenstein: Am 19. Januar 1829 feierte Goethes *Faust* Uraufführung. Quellen deuten darauf hin, dass der damalige Generaldirektor Ernst August Friedrich Klingemann stets erwogen hatte, das komplexe Werk auf die Bühne zu bringen. Den letzten Anstoß dazu soll jedoch Karl II. (1804-1873) mit seinem entsprechenden Wunsch gegeben haben. „Jahrelang hatte sich kein Intendant getraut, dieses Werk aufzuführen", weiß Matuschak. „Endlich war es so weit." Fast fünf Stunden soll die Uraufführung gedauert haben. Im Anschluss wurde die Spieldauer verkürzt – im Winter war dem Publikum in dem zugigen Gebäude kein längerer Aufenthalt zuzumuten.

Rund 170 Jahre sollte das Opernhaus Zentrum des Braunschweiger Theaterlebens sein. 1856 kam es bei dem Opernschauspiel *Aladin und die Wunderlampe* zu einem Brand. Das Kleid einer Primaballerina hatte sich an einer Petroleumlampe entzündet. Zwei Tage später starb die Baletttänzerin an ihren Verbrennungen. Der tragische Unfall richtete den Fokus auf die baulichen Mängel an dem alten Gebäude, dessen Ära mit der Aufführung von Mozarts *Zauberflöte* am 1. September 1861 zu Ende ging. Nur einen Monat später wurde das neue herzogliche Hoftheater am Steinweg eingeweiht – zwar nicht mit Goethes *Faust*, aber mit seiner *Iphigenie auf Tauris*.

Das Operhaus am Hagemarkt wurde 1864 - drei Jahre nachdem der letzte Vorhang gefallen war - abgerissen. Und seit dem erinnert nur der Gedenkstein an das dritte Opernhaus in Deutschland das der breiten Öffenlichkeit zur Verfügung stand.

Jörg Porsiel

So geht's zum Gedenkstein:

Das Relikt befindet sich auf der Südseite des Hagenmarkts.

Thomas Ostwald in Henkersmontur. Dank seines freundlichen Gesichtsausdrucks ist er trotz des gezückten Schwerts nicht zum Fürchten.

23

Scharfrichterhof

Aus Kloster wurde Richtplatz

Sie fällt sofort all jenen auf die den Hof von St. Aegidien betreten: Zur linken Hand steht sie da, die Statue aus Muschelkalk. Mehrere Hunderte Jahre alt ist sie, das ist sicher. Wen sie darstellt, ist hingegen unklar. Denn der Kopf fehlt. Ob es nun eine Marienfigur ist oder ein Abbild von Stiftsgründerin Markgräfin Gertrud – der 1978 von Bauarbeitern im südlichen Teil des Kreuzgangs des Klosters gefundene Steintorso erinnert auch Thomas Ostwald immer wieder an ein unrühmliches Kapitel in der Historie von St. Aegidien: Für wenige Jahre wurde der einstige Klosterhof als Richtplatz der Landesstrafanstalt genutzt.

Gästeführer Ostwald, der bei Erlebnisführungen in die Rolle historischer Personen schlüpft, geht dann und wann auch mal als Henker oder Scharfrichter. Zu seiner Ausrüstung gehören nicht nur die schwarz-weiße Kleidung mit dem Gildensymbol, bestehend aus Galgen und Rad. Auch Richtschwert und Dolch hat er stets dabei. Ebenso einen Koffer mit Folterinstrumenten. „Wenn ich da von Details erzähle, wird manchmal gestandenen Kerlen flau im Magen", sagt er. Ostwald hat jede Menge zu erzählen. Etwa über die problematische gesellschaftliche Stellung der Scharfrichter, die ab dem Spätmittelalter oft in den Außenbezirken von Städten wohnten, kein öffentliches Amt besetzen durften, in der Kirche mit dem letzten Stehplatz vorlieb nehmen mussten und das Bier im Wirtshaus – wenn überhaupt – nur an einem separaten Tisch trinken durften.

Zu der Zeit, als im Hof von St. Aegidien immer wieder die Köpfe rollten, war der als unehrlich, also unehrenhaft, angesehene Beruf aufgrund der Humanisierung des Strafvollzugs im 17. und 18. Jahrhundert schon zunehmend am Aussterben. „Für die Hinrichtungen in Braunschweig musste am Ende ein Vollstrecker aus Aschersleben anreisen", erläutert Ostwald. Nicht selten sei stümperhaft gehandelt worden, mehrere Hiebe seien dann nötig gewesen. Wie viele Todesurteile in St. Aegidien vollstreckt wurden, ist nicht bekannt. Anzunehmen ist jedoch, dass der Scharfrichter dort vermutlich im Jahr 1885 zum letzten Mal zur Tat schritt. Anton Giepsz und seine Geliebte Witwe Koszmider waren wegen Mordes und Beihilfe zum Mord an ihrem Ehemann verurteilt worden und bezahlten am Ende mit ihrem Leben. Lediglich 15 Minuten habe die Prozedur gedauert, wie anschließend stolz mitgeteilt wurde.

„Für die Hinrichtungen in Braunschweig musste am Ende ein Vollstrecker aus Aschersleben anreisen."

Die Nutzung des Hofs als Richtstätte war ursprünglich möglich geworden, weil das Königreich Westfalen unter Jerôme Napoléon mit dem Säkularisierungsdekret vom 1. Dezember 1810 alle Kapitel und Klöster aufgelöst hatte. Die Aegidienkirche wurde ab Ende 1811 als Militärdepot, Kohlen-, Torf- und Salzmagazin genutzt. 1832 machte die Regierung das Konventsgebäude zu einem Gefängnis. Prominenter

Insasse: Schriftsteller Robert Griepenkerl, der mit seinen Dramen *Maximilian Robespierre* (1849) und *Die Girondisten* (1852) Bekanntheit erlangte. „Unglaublich, dass der Mann, der einst als deutscher Shakespeare gefeiert wurde, hier einsaß", meint Ostwald. 1860 wurde Griepenkerl zu einer Gefängnisstrafe wegen betrügerischen Bankrotts verurteilt. Gestorben ist er 1868 verarmt, aber in Freiheit. Viele andere verloren ihr Leben direkt im Hof von St. Aegidien: durch den gnadenlosen Hieb des Scharfrichters.

„Unglaublich, dass der Mann, der einst als deutscher Shakespeare gefeiert wurde, hier einsaß."

Henning Thobaben

So geht's zum Scharfrichterhof:

Der Richtplatz befand sich im Hof zwischen Aegidienkirche und dem ehemaligen Klostergebäude, das heute vom Braunschweigischen Landesmuseum genutzt wird. Der Zutritt erfolgt von der Straße Hinter Ägidien, nahe dem Lessingplatz.

24

Siechenkapelle

Wie im Kühlschrank

In der Südostecke des Klostergartens in Riddagshausen steht eingerahmt von zwei riesigen Linden ein kleines, unscheinbares fensterloses Steinhaus.

„Die Linden sind mehrere hundert Jahre alt. Das sieht man schon an der Dicke ihres Stamms", sagt Verleger Henning Borek, als er um das ziegelgedeckte Gebäude, das aus großen Feldsteinen und gebrannten Ziegeln unterschiedlicher Größe erbaut wurde, herumgeht.

Das Steinhäuschen wird heute allgemein als *Siechenkapelle* bezeichnet. Es liegt auf der Südostseite der Klosterkirche im Schatten jener uralten Linden. Wie zum Schutz stehen um das Steinhäuschen herum in unmittelbarer Nähe noch weitere alte schattenspendende Bäume. Obwohl von außen so unscheinbar, hat es doch bei genauerer Betrachtung eine sehr interessante Geschichte zu erzählen: Die Klosterkirche wurde im östlich der Braunschweiger Innenstadt gelegenen Stadtteil Riddagshausen im Jahr 1275, nach 60-jähriger Bauzeit, geweiht. Sie war das zentrale Bauwerk der ca. 1143 dort gegründeten Zisterzienser-Abtei Riddagshausen. Die Siechenkapelle selbst geht auf das Jahr 1305 zurück.

Wer das Häuschen umrundet, sieht mehrere große Spitzbögen, die offensichtlich schon vor langer Zeit zugemauert wurden. Die Ostseite ist längst mit Efeu überwuchert. An vielen Stellen ist eine Vielzahl unterschiedlicher Baumaterialien zu entdecken: Ziegel zum Beispiel oder Feldsteine, die hie und da bei Reparaturen oder Umbauten in die Wände eingesetzt wurden. „Offensichtlich hatte das Haus früher eine bauliche Verbindung zu mehreren Nebengebäuden", sagt der geborene Braunschweiger Henning Borek und zeigt dabei auf die Reste einer dicken Mauer an der Südostwand sowie frühere Tür- und Fensteröffnungen. „Aber diese Gebäude sind heute alle verschwunden. Geblieben ist nur die Siechenkapelle."

Henning Borek hat sich mit der Geschichte der kleinen Kapelle befasst.

Das alte deutsche Wort siech bedeutet krank, schwach und ist mit dem Wort Seuche verwandt. Sprachgeschichtlich steht es dem englischen Wort sick nahe. Das dazugehörige englische Substantiv sickness bedeutet Krankheit. Die Siechenkapelle war also ursprünglich ein Gebäude für die Siechen, die Kranken. Vermutlich diente sie tatsächlich als Kapelle, an die sich direkt westlich die Krankenquartiere anschlossen. So konnten die Siechen trotz ihrer Erkrankungen an den Messen teilhaben. Von den Krankenquartieren ist heute allerdings nichts mehr zu sehen.

Auf dem Gelände des Klosters Riddagshausen wurden also früher Kranke von in der Krankenpflege bewanderten Mönchen gepflegt. Diese Kranken konnten sowohl Mönche des Klosters als auch Bauern und deren Familien aus der Umgebung sein. Das war nichts Ungewöhnliches: Jedes größere Kloster verfügte damals über ein eigenes Hospital. „Ein solches Siechenhaus befand sich immer außerhalb des Klosterbereiches und etwas abgesondert von den Gesunden, damit sie sich nicht anstecken konnten“, erzählt Borek, der sich in der Geschichte des Klostergutes Riddagshausen auskennt wie kaum ein Zweiter, denn er wohnt nicht nur in der Nähe, er ist auch dort aufgewachsen.

„Ein solches Siechenhaus befand sich immer außerhalb des Klosterbereiches und etwas abgesondert von den Gesunden, damit sie sich nicht anstecken konnten.“

Dann öffnet Henning Borek die Holztür der Siechenkapelle und tritt in den nur sehr spärlich erleuchteten, kühlschrankkalten einzigen Raum, zeigt dabei nach oben und sagt: „Sehen Sie mal, das sind Kreuzrippengewölbe! Das ist Gotik! Diese Kapelle wurde zur gleichen Zeit erbaut wie die Klosterkirche. Nur die allerwenigsten Menschen wissen überhaupt, dass es diese kleine Kapelle hinter der großen Klosterkirche gibt.“ Dass es sich um ein sakrales Bauwerk handelt, wird nicht zuletzt dadurch deutlich, dass auf dem östlichen Schlussstein eines der beiden Gewölbe das Agnus Dei, das Lamm Gottes, mit der Siegesfahne abgebildet ist.

Überraschenderweise ist der Innenraum viel größer, als er von außen erscheint. Denn: Das steinerne Haus ist innen viel tiefer, als man vermuten würde. Über eine stabile Holztreppe gelangt man heute weit nach unten. Von dort kann man nicht nur die Kreuzrippengewölbe, sondern auch die Vielzahl an Reparatur-, Um- und Anbaustellen besser erkennen. Ansonsten ist der Raum nüchtern-kahl. „Man kann sich des Eindrucks nicht erwehren, dass der Keller früher wohl noch tiefer war", sagt Borek etwas nachdenklich.

„Ab dem 16. Jahrhundert wurde die Kapelle nicht mehr für die Kranken genutzt", weiß er zu berichten. Als was sie dann genau diente, ist heute nicht mehr bekannt. Deshalb wünscht sich der geschichtsbegeisterte Riddagshäuser: „Das müsste wirklich mal jemand bauhistorisch genauer unter die Lupe nehmen." Es wird vermutet, dass das Haus später vielleicht als Eiskeller oder Eishaus Verwendung fand. Dafür wurden alle Öffnungen bis auf die heutige Tür zugemauert und innen tief in die Erde gegraben. Außen wurde an den Wänden Erde aufgeschüttet und das Ganze dann mit Grassoden abgedeckt, sodass es auch im Hochsommer immer kühl darin blieb.

Bereits im Mittelalter, also zum Zeitpunkt der Errichtung von Kapelle und Kloster, sowie in den folgenden Jahrhunderten wussten sich die Menschen zu helfen, wenn sie Lebensmittel lange frisch halten wollten: Dafür gab es jene Eiskeller. Große Blöcke Natureis, wahrscheinlich von den nahen Riddagshäuser Teichen, wurde im Winter geerntet und zusammen mit Stroh in diesen tiefen, kalten Raum gebracht, wo es sich meist bis zum nächsten Winter hielt und so die Lebensmittel kühl und damit frisch blieben. Moderne Kühlschränke gibt es als Massenware für jedermann erst seit Beginn des 20. Jahrhunderts. Unsere Vorfahren wussten sich offensichtlich schon sehr viel früher zu helfen!

Jörg Porsiel

So geht's zur Siechenkapelle:

Die kleine Siechenkapelle liegt in der Südostecke des Klostergartens der Klosterkirche Riddagshausen.

25

Zugemauerte Domtür

Grabplatte als Lückenfüller

„Hier laufen alle dran vorbei. Kaum jemand wird bemerken, dass da eine Tür ist. Besser gesagt, muss es eigentlich heißen, dass da mal eine war“, sagt Matthias Hansmann und deutet auf ein Stück Wand an der Ostseite des Braunschweiger Doms, direkt neben dem Eingang zum Chorsaal. Tatsächlich! Erst bei genauerem Hinsehen wird deutlich, dass da eine Türöffnung ist, eine ziemlich große sogar. Und: Selbst diese zugemauerte Türöffnung erkennt erst, wer direkt davorsteht, denn sie wird größtenteils von einer modernen Informationstafel des Domchores verdeckt. Obendrein wurde eine große Grabplatte in die ursprüngliche Türöffnung eingemauert, so sie heute eigentlich nur noch am steinernen Türrahmen zu erkennen ist.

„Interessant an dieser Konstellation ist Folgendes“, fährt der Braunschweiger fort, „normalerweise gab es an der Ostseite einer mittelalterlichen Kirche keine Türen oder sonstige Ein- und Ausgänge. Im Braunschweiger Dom, der aus dem späten 12. Jahrhundert stammt, aber schon.“ Denn hier befand sich wahrscheinlich der Übergang vom Dom zum älteren und noch erhaltenen mittelalterlichen Kreuzgang des Vorgängerbaus des Doms. An diesem Kreuzgang lagen unter anderem die Wohn- und Arbeitsräume der Stiftsherren des Braunschweiger Doms. Nach 1528, also nach dem Einzug der Reformation in Braunschweig, entfielen viele Aufgaben der Stiftsherren. Das Stift verkleinerte sich notgedrungen. 1810, während der so-genannten Franzosenzeit, als das Herzogtum von napoleonischen Truppen besetzt und Teil des Départements de l'Ocker (Oker-Departement) war, wurde das Stift endgültig aufgelöst. So verfiel der Kreuzgang mit den angrenzenden Gebäuden allmählich. Zunächst lagerte dort alles Mögliche, später aber wurden sie 1830 überwiegend beseitigt. Zuletzt trug man 1839 noch die direkt an den Dom grenzenden Teile des Kreuzgangs ab.

Dom-Führer Matthias Hansmann weiß: Wo heute die Grabplatte ist, befand sich einst ein Durchgang.

„Dass hier mal etwas Großes stand beziehungsweise direkt baulich mit dem Dom verbunden war, ist übrigens noch heute an verschiedenen Stellen an und in den Dommauern zu erkennen“, weiß Hansmann zu berichten, der seit vielen Jahren der Braunschweiger Domführergilde angehört, deren Chef er mittlerweile ist. Es gibt also nur wenige, die sich so gut auskennen wie er. „Schaut man zur Abwechslung mal nicht, wie sonst üblich, nach unten, sondern nach oben“, fährt der Domführer fort, „kann man am Hohen Chor Spitzbögen im Mauerwerk erkennen. Auch über der heute verschlossenen Tür ist deutlich zu sehen, dass darüber noch eine zweite Tür oder wenigsten ein Durchgang in den Dom gewesen sein muss. Das ist ein Hinweis darauf, dass der Kreuzgang in alter Zeit tatsächlich zweistöckig war – zumindest in diesem Bereich“, fügt er hinzu. „Und das wiederum bestätigt andere Quellen, die überliefern, dass das Stift in der Zeit vor der Reformation noch gewachsen war. In unmittelbarer Nähe des Doms wurden die sogenannten Stiftsherrenhäuser errichtet, die teilweise noch erhalten sind.“

Spiel von Licht und Schatten auf der Grabplatte.

Nach dem Abriss des Kreuzgangs bildete die heute noch leicht erkennbare Tür den Eingang in eine neu gebaute Sakristei im Dom. Sie lag sehr günstig für den Hof- und Domprediger, der seit Ende des 19. Jahrhunderts schräg gegenüber vom Dom in der 1882 gebauten Dompfarre wohnte. Dieses prächtige im Stil der Neogotik errichtete

Gebäude wurde im Zweiten Weltkrieg zerstört und die Trümmer später beseitigt. Es befand sich dort, wo heute der Platz der Deutschen Einheit ist.

Die Grabplatte, die bei der Erweiterung des Doms durch die Taufkapelle mit eigenem Eingang (heutiger Chorsaal) 1890 bis 1892 in die nun überflüssig gewordene Tür eingebaut wurde, stammt aus dem Jahr 1650 und befand sich ursprünglich innerhalb des Doms. Im nördlichen Seitenschiff war sie in den Boden eingelassen. Die Grabplatte mit Inschrift und Familienwappen erinnert an Lucia Elerds (1594-1650). Seit 1627 war sie mit Albert Junker (1565-1647) verheiratet, der Syndikus und Dekan des Stifts St. Blasii war.

Übrigens: Im Inneren des Doms, in der äußersten Südostecke ist ebenfalls eine in die Wand eingelassene Grabplatte zu entdecken. Diese Platte wurde für die 1749 gestorbene Anna Eleonore Halle(n) gefertigt. Sie ist auf der Innenseite das Gegenstück zu der außen mit der Grabplatte von Lucia Elerds verschlossenen Tür – mit dem Unterschied, dass heute innen nichts mehr an die ursprünglich an dieser Stelle vorhandene Tür erinnert.

Jörg Porsiel

So geht's zur zugemauerten Domtür:

Der mit der Grabplatte verschlossene Eingang befindet sich auf der Ostseite des Doms, in knapp einem Meter Höhe und direkt neben dem Eingang zum Chorsaal.

Kemenate Hagenbrücke

Eine der letzten ihrer Art

„Früher, das heißt vor dem Zweiten Weltkrieg, bevor hier alles in weitem Umkreis zerstört wurde, war dieses Gebäude unsichtbar“, erläutert Architekturhistoriker Elmar Arnhold. „Unsichtbar im Sinne von: Das Gebäude war von der Straße aus nicht zu sehen. Keiner, der auf der Straße vorbeiging, wusste, dass es dieses Haus hier gab. Das war typisch für den Gebäudetyp der Kemenate“, erklärt er, während er vor einem kleinen Steinhaus steht, das direkt an eine der innerstädtischen Hauptverkehrsadern grenzt. Genauer gesagt, steht Arnhold in der Nordwestecke des Hagenmarktes und dort ist auch eines der letzten dieser merkwürdigen Häuser zu finden. Vor Krieg und Trümmerräumung existierten an der Hagenbrücke übrigens noch zwei weitere Kemenaten.

Drei Seiten des Baudenkmals sind von einer Mauer umgeben. Über dem größten Teil der Mauer befindet sich seit 2014/15 eine Art Aufsatz aus rostigem Metall und Glas. Die genaue Adresse lautet Hagenbrücke 5 – wobei weit und breit keine Brücke zu sehen ist. Das war nicht immer so. Bis zur Verrohrung der innerstädtischen Okergräben im 19. Jahrhundert befand sich hier eine Brücke über den einstigen Hauptarm der Oker, die damals noch durch die Innenstadt floss.

Das Wort Kemenate stammt aus dem Mittelalter und hatte ursprünglich etwas mit Burgenbau zu tun. Kemenaten waren eigentlich die kaminbeheizten Wohnräume der Burgen. Schließlich wurden auch Steingebäude in Städten, die meist als Hinterhäuser von Fachwerkgebäuden entstanden und beheizbar waren, als Kemenaten bezeichnet. In der Fachliteratur wird dieser in vielen Städten vorkommende mittelalterliche Gebäudetyp allgemein mit Steinwerk umschrieben, erklärt Bauhistoriker Arnhold. „Diese Kemenaten dienten unter anderem als Lagerraum, aber man konnte auch darin wohnen. Wichtigster Grund für die Entstehung der Kemenaten war, einen Schutzraum vor Feuersbrünsten für die Familie und für wertvolle Güter zu

Die Kemenate, alt und neu treffen hier zusammen.

haben. Brandkatastrophen bedeuteten in mittelalterlichen Städten, die hauptsächlich aus Fachwerkbauten bestanden, eine wahre Geißel – auch in Braunschweig. „Und so verwundert es denn auch nicht, dass die Mauern zahlreicher Kemenaten auch den Feuersturm des Zweiten Weltkriegs überstanden haben", fügt Arnhold hinzu. „Von den wohl über 120 Kemenaten aus der Zeit vor dem Krieg sind nach den Bombenangriffen jedoch nur neun Exemplare erhalten. Viele, deren Ruinen noch standen, wurden in der Nachkriegszeit abgerissen, um Platz für neuen Wohnraum oder für breitere Straßen und für Autos zu machen – wie hier an der Hagenbrücke. Vor dem Krieg verliefen die Straßen hier ganz anders. Die Hagenbrücke war damals eine sehr schmale, mit Fachwerkhäusern bestandene Straße", ergänzt Arnhold.

Bauhistoriker Elmar Arnhold vor der Kemenate.

Die Kemenate Hagenbrücke 5 ist ein kleines zweistöckiges Gebäude aus dem 13. Jahrhundert. Sie hat einen fast quadratischen Grundriss. Wie bei Kemenaten üblich, war sie von der Straße aus eben nicht sichtbar, sondern befand sich im Innenhof eines größeren, an der Hagenbrücke stehenden traufständigen Fachwerkhauses, das aber wesentlich jüngeren Datums war. Wie die sonstige Fachwerkbebauung der Hagenbrücke ist auch dieses Fachwerkhaus bei einem Bombenangriff im Zweiten Weltkrieg vollständig zerstört worden. Nur die aus Stein erbaute Kemenate blieb vollständig ausgebrannt zurück und ist eine der wenigen, die sehr bald nach Kriegsende wieder nutzbar gemacht wurde.

Das ursprüngliche Vorderhaus der Kemenate im 13. Jahrhundert war übrigens ein Giebelhaus aus Fachwerk.

„Die heutige exponierte Lage der Kemenate, direkt an einer der innerstädtischen Hauptverkehrsadern, zeigt, wie stark der Wiederaufbau der Stadt und die Anpassung an künftige Verkehrsströme in den alten Stadtgrundriss eingegriffen haben. Die Mauer, die man heute sieht, entstand erst in der Nachkriegszeit. Bis 2004 blieb die Kemenate außen unverputzt, sodass die aus Bruchsteinen gefertigten Mauern sichtbar waren. In den Jahren 2014/15 kamen mit der Sanierung die baulichen Erweiterungen mit dem Aufsatz hinzu", erklärt Wahl-Braunschweiger Arnhold und fährt mit der Bauwerksbeschreibung fort: „Auf ihrer West- und Nordseite konnte man kleinere Öffnungen erkennen. Die Südseite ist geprägt von drei großen Öffnungen: eine Tür im Erdgeschoss, eine weitere im Obergeschoss sowie ein großes Fenster. Das waren die ursprünglichen Verbindungen zum Fachwerkvorderhaus. Die Ostseite stellte früher die sogenannte Schauseite dar." Hier befindet sich im Erdgeschoss der Eingang sowie ein Abgang in den Keller. Ebenfalls sind auf dieser Seite zwei große Erdgeschossfenster sowie ein Fenster im Obergeschoss eingelassen. Im kleinen Innenhof wächst heute ein Baum. 1632 wurde die Ostseite des Gebäudes im Stil der Spätrenaissance umgebaut, wobei auf dieser Seite ein neuer Zugang entstand. Zu diesem Zeitpunkt gehörte die Kemenate nicht mehr zum (Fachwerk-)Haus Hagenbrücke 4, sondern wechselte zur Hagenbrücke 5. Elmar Arnhold fügt bedauernd hinzu: „Sämtliche Inneneinrichtungen aus der Zeit des Spät- und Nachmittelalters sind leider dem Krieg zum Opfer gefallen."

Jörg Porsiel

So geht's zur Kemenate Hagenbrücke:

Die Kemenate steht unübersehbar in der Nordwestecke des Hagenmarktes, direkt an der Straße Hagenbrücke.

Nebel
Sonne
regnet es
schneit es
stürmt es
ist ein Erdbeben
geht die Welt unter

27

Wetterstein

Eine Antwort nach 274 Jahren

In der Wochenendausgabe der *Braunschweigischen Anzeigen* von Sonnabend, dem 24. Februar 1748, fragte D. Brückmann die Leserschaft Folgendes: „Ist ein sogenannter Wetterstein bekannt, der bei hellem Himmel klar, bey trüben Himmel dunkel wird? An welchem sich, wenn Wolken am Himmel vorhanden sind, auch dergleichen dunkele Flecken in derjenigen Gegend wie die Wolken stehn, hervorthun?“ Und schließlich: „Mir ist weiter von diesem Steine nichts bekannt …“ Ob D. Brückmann jemals eine Antwort auf diese Fragen erhielt, ist nicht überliefert.

Aber: 274 Jahre später hat Tobias Hoffmann, Präsident der Industrie- und Handelskammer Braunschweig, eine parat – denn: Tatsächlich gibt es in Braunschweig einen solchen Wetterstein, und Hoffmann weiß, wo er zu finden ist! Der Stein hängt an der Ostseite der Magnikirche. Ganz nebenbei: Die Magnikirche liegt im historischen Stadtviertel Altewiek und ist eine der ältesten erhaltenen Kirchen Braunschweigs. Wer den Stein dort hingehängt hat und wann das war, weiß heute niemand mehr. Generationen von Braunschweigern dürften dort bereits vorbeigekommen sein, den unscheinbaren Stein aber wohl meist übersehen haben.

„Das ist ein Hühnergott“, sagt Hoffmann, nimmt den Stein, der an einer Kette von einer alten Laterne an der Kirchenmauer baumelt, in die Hand und betrachtet ihn versonnen. Ein Hühnergott? Wie es scheint, ein weiteres Geheimnis in einem Geheimnis. „Ein Hühnergott“, erklärt der Wahl-Braunschweiger, „ist ein natürlicher Stein mit einem natürlichen Loch darin.“ Hoffmanns Vorfahren väterlicherseits kommen von der Ostseeküste. „Dort kennt diese Steine jedes Kind“, fügt er lapidar hinzu. Per Definition ist ein Hühnergott ein magischer Stein und so verwundert es denn auch nicht, dass dieser Stein das Wetter deuten können soll.

Tobias Hoffmann kann alle Details zum Wetterstein erläutern.

Bei genauer Betrachtung funktioniert das ganz ohne Zauberei: Wie, das berichtet Hoffmann mit einem Augenzwinkern: „Kann man den Stein nicht sehen, haben wir dicken Nebel. Wirft der Stein einen Schatten, scheint die Sonne. Ist der Stein nass, regnet es. Pendelt er stark hin und her, stürmt es. Liegt Schnee darauf, schneit es."

„Aber", sagt Hoffmann: „Wenn sich der Stein senkrecht auf und ab bewegt oder gar wenn er plötzlich auf dem Kopf stehen bleibt, dann handelt es sich nicht mehr um banale Wetterereignisse, sondern um viel Elementareres." Denn: Im ersten Fall handelt es sich um ein Erdbeben und im zweiten geht die Welt gleich komplett unter. Hoffmann erzählt, dass seine Kinder in den nur wenige Meter vom Stein entfernt liegenden Kindergarten gegangen seien und – nachdem sie von den Fähigkeiten des Steines erfahren hatten – plötzlich zu Hause darüber zu philosophieren begannen, was wohl bei einem Erdbeben und gar schon bei einem Weltuntergang mit den Menschen passiere. „Der Wetterstein lehrt also Kinder das Philosophieren und macht sie damit zu Menschen!", konstatiert der Unternehmer mit dem Faible für Braunschweiger Geschichte(n).

Jörg Porsiel

So geht's zum Wetterstein:

Der Stein baumelt an einer Kette von einer eisernen Laterne, die sich an der Ostwand der Magnikirche befindet und ist eigentlich leicht zu finden – wenn man weiß, wo man suchen muss.

Das Spitzenhaus war einst Sehnsuchtsort der Braunschweiger Damenwelt.

28

Spitzenhaus

Jugendstilelement in der Innenstadt

Im Kernbereich der Braunschweiger Fußgängerzone sind es oft die Schaufenster der Geschäfte, die die Blicke der Passanten auf sich ziehen. Rund um den Ringerbrunnen ist das nicht anders. An einer Stelle lohnt sich allerdings ein Blick nach oben. *Spitzenhaus* ist an der Fassade jenes beige-grauen Gebäudes zu lesen.

Mit dem Begriff verbinden junge Menschen heute gemeinhin wenig. Vielleicht mogelt manch einer beim Lesen des Wortes einen zusätzlichen Buchstaben hinein und denkt an die Feuerwehr. Doch tatsächlich geht es hier um ein Haus, in dem Mode verkauft wurde – Stoffe und Kleidungsstücke, die mit den dekorativen Elementen, den Spitzen, versehen waren, aber auch Nähzutaten.

„Meine Oma, die 1900 geboren ist, kaufte nur dort, da es sich um das erste Haus in Sachen Spitzenwäsche handelte", erklärt Elke Frobese. Die Braunschweiger Stadtführerin hat sich vor einiger Zeit eine historische Broschüre besorgt. *Spitzenhaus Georg Hoffmann* ist auf der alten Werbepublikation zu lesen. Im Innenteil sind einige Modeartikel beschrieben und illustriert, die es hier früher zu kaufen gab. Etwa Braut- und Gesellschaftskleider. Oder einfache Berufskleider wie eines aus schwarzem Serge mit rosa Verzierung und nach englischer Art bestickt, versehen mit einem Gürtel mit schwarzer Galalithschnalle. Oder auf der nächsten Seite ein apartes Mantelkleid aus schwarzer Popelineseide mit einem Einsatz aus rosa Crępe de Chine. „Es ist sicher wert, sich nach diesem Haus umzudrehen. Schließlich hat Braunschweig nicht viele Jugendstilfassaden in seinem Stadtbild zu bieten", meint Elke Frobese. Wer sich die Zeit nimmt, genau hinzusehen, der entdeckt ein von einem dicken Putzauftrag geprägtes Gebäude mit geometrischen, pflanzlichen und figürlichen Schmuckelementen. Auch architektonische Stilelemente aus früheren Epochen wurden bei der Fassadengestaltung im Sinne des Historismus aufgegriffen. Alten Fotoaufnahmen lässt sich entnehmen, dass die frühere zweiteilige Schaufenstergestaltung mit mittigem Eingang stilistisch angepasst war.

Erbaut wurde das Haus auf schmaler Parzelle bereits Mitte des 18. Jahrhunderts, die Fertigstellung ist für 1756 dokumentiert. Planer war damals mit Georg Christoph Sturm ein renommierter Architekt des Spätbarock, der vier Jahre zuvor zum ersten Braunschweiger Hofbaumeister ernannt worden war. Das Gebäude war eines von insgesamt 72 Bürgerhäusern in Massiv- und Fachwerkbauweise im Stadtgebiet, das Sturm in seiner elfjährigen Amtszeit bis zu seinem Tod im Jahr 1763 entwarf.

Henning Thobaben

So geht's zum Spitzenhaus:

Vom Burgplatz kommend befindet sich das Gebäude nahe dem Ringerbrunnen in der Straße Sack.

Joachim Block und der Stein.

29

Erinnerungsstein

Hinweis auf die letzte Stadtbefestigung

„Tja, da ist er", sagt Joachim Block und weist auf einen zunächst recht unspektakulär aussehenden Stein, der auf der Ostseite des Gaußberges unter einem großen alten Baum mitten im Unkraut steht. Er, der Stein, hat es aber bei näherer Betrachtung in sich – oder besser: auf sich. Er ist etwa 50 cm hoch und ebenso breit, aber nur 20 cm dick und steht auf einer größeren Steinplatte – aber das ist längst nicht alles. Denn: Oben auf dem Stein befindet sich deutlich eine etwa faustgroße kreisrunde Aussparung, in der wahrscheinlich etwas gestanden hat, was heute allerdings fehlt. Und auf der Vorderseite des Steines sind, wenn auch reichlich verwittert, Buchstaben und Zeichen zu erkennen.

Joachim Block ist geborener Braunschweiger, hat sein Berufsleben in der Physik und insbesondere in der Raumfahrtforschung am DLR verbracht und lehrt auch heute noch an der Technischen Universität. In der Gegend rund um den Inselwall mit dem Gaußberg hat er große Teile seiner Kindheit verbracht. „Und auch diesen Stein kenne ich natürlich seit meiner Jugend. Er hat – wie viele andere Artefakte der Braunschweiger Stadtgeschichte – dazu beigetragen, dass ich mich außer für die Naturwissenschaften immer auch für die Stadtgeschichte Braunschweigs interessiert habe."

Betrachtet man den Stein genauer, ist – von unten nach oben – zuerst deutlich eine Verschnörkelung erkennbar, „wie eine doppelte liegende Acht oder ein Hefezopf." Darüber dann ebenfalls deutlich und in Großbuchstaben *BOLW* und ein Doppelpunkt als Zeichen dafür, dass hier etwas abgekürzt wurde. Das *BOLW:*, sagt Block, „steht für Bollwerk" – eine Verteidigungsanlage des 18. Jahrhunderts. Leider sind die Buchstaben darüber aber mittlerweile dermaßen verwittert, dass man eigentlich nur raten kann, was in der obersten Zeile steht. „Vermutlich", sagt der Physiker, „steht da Rudolf oder Rudolfs. Denn der Gaußberg, im 19. Jahrhundert nach dem in Braunschweig unweit dieser Stelle geborenen berühmten Mathematiker, Astronomen, Geodäten und Physiker Carl Friedrich Gauß benannt, war der nördlichste Teil der barocken Bastionärbefestigung der Stadt und trug bis in das beginnende 19. Jahrhundert hinein die Bezeichnung Rudolfsbollwerk. Alle Bollwerke (Bastionen) der Stadtbefestigung hatten diese Bezeichnungen wie zum Beispiel Christinenbollwerk, Kaisersbollwerk oder Antonsbollwerk.

Weiter weiß Joachim Block zu berichten, dass es im Laufe der Jahrhunderte drei Phasen der Stadtbefestigung gegeben hat, die selbstverständlich den Verteidigungstechniken und -bedürfnissen der jeweiligen Zeit angemessen waren. Die erste Stadtbefestigung bestand aus Stadtmauer und Graben und geht bis in das 12. Jahrhundert zurück. Sie umschloss im mittelalterlichen Braunschweig zunächst nur die Weichbilde Altstadt, Neustadt und Hagen – die Altewiek wurde etwas später mit einbezogen. Mit dem Aufkommen der ersten Belagerungsgeschütze, deren Geschosse Mauern durchschlagen konnten, wuchs auch das Bedürfnis seitens der Stadt, die Verteidigungsanlagen daran anzupassen. So entstand gegen Ende des 14. Jahrhunderts die zweite Stadtbefestigung mit einem Wall, der der Stadtmauer und dem inneren Oker-Umflutgraben vorgelagert war, und einem davor verlaufenden, noch breiteren äußeren Umflutgraben.

Die dritte und letzte Phase der Anpassungen und Neuerungen begann 1692, als der aus Lüneburg stammende Festungsbaumeister Johann Caspar von Völcker (1655–1730) von Herzog Rudolf August (1627–1704) nach Braunschweig geholt wurde, um eine Stadtverteidigung sozusagen nach dem neuesten Stand der Technik zu planen. Völcker hatte dazu Reisen zu den neuesten und stärksten Festungsanlagen seiner Zeit in die Niederlande und vor allem nach Frankreich unternommen, wo er Sébastien Le Prestre de Vauban (1633–1707), den Festungsbaumeister des französischen Sonnenkönigs Ludwig XIV., persönlich kennenlernte und dessen Arbeiten studieren konnte.

Der Stein mit Hefezopf.

Völcker ließ also nach den neuesten kriegs- und waffentechnischen Erkenntnissen vollkommen neue Verteidigungs- und Festungsanlagen für Braunschweig errichten. Diese Arbeiten waren so umfangreich, dass sie erst 1740, fast 50 Jahre nach Baubeginn, abgeschlossen werden konnten. „Danach war Braunschweig rein baulich eine der am besten befestigten Städte Deutschlands – im Grunde genommen wäre die Stadt nun fast uneinnehmbar gewesen“, ist Prof. Blocks Fazit. „Nur leider“, fährt er fort, „besaß das Herzogtum bei Weitem nicht genügend Soldaten, um im Kriegsfall alle diese Bollwerke, Glacis, Ravelins und Mauern besetzen und verteidigen zu können. Auch die Bestückung mit moderner Artillerie lag sehr im Argen. Unter diesen Umständen war die neue Bastionärbefestigung schon bald nach ihrer Fertigstellung militärisch leider nahezu wertlos geworden."

Nachdem die herzogliche Regierung um 1800 festgestellt hatte, dass die Braunschweiger Verteidigungswerke nicht mehr sinnvoll zu unterhalten waren, wurde der in Braunschweig bekannte Architekt Peter Joseph Krahe (1758–1840) beauftragt, sämtliche Festungswälle schleifen zu lassen. Auch das dauerte wieder etliche Jahre, aber das Ergebnis kann man noch heute nicht nur (an-)sehen, sondern auch abwandern: Der so entstandene Braunschweiger Wallring ist ein mit Bäumen bestandener Ring, der zusammen mit der Oker (genauer gesagt: den äußeren Umflutgräben) die Stadt Braunschweig umschließt. Das ehemalige Festungsgelände wurde in einzelne Grundstücke parzelliert, auf denen nach und nach Wohnhäuser und Villen mit großen, zum Teil parkähnlichen Grünanlagen errichtet wurden.

Der Stein am Gaußberg ist damit ein kleiner Hinweis auf die heute verschwundenen letzten Verteidigungsanlagen der Stadt.

Jörg Porsiel

So geht's zum Erinnerungsstein:

Der Stein lässt sich über mehrere Wege erreichen: Über den Inselwall, Richtung Nordosten bis zum Gaußberg, auf dessen Ostseite er zu finden ist; oder über die Straße Am Wendenwehr, wo man kurz vor der Okerbrücke nur links zum Gaußberg abbiegen muss oder schließlich vom Wendentorwall aus Richtung Westen zum Gaußberg.

St. Laurentius mit dem Marterwerkzeug, auf dem er einen qualvollen Tod starb.

30

Heiligenfigur

Ein Feuerrost und seine Geschichte

Wer über Kirchen in Braunschweig spricht, der hat zuallererst den Braunschweiger Dom im Sinn, darüber hinaus Bauten wie die Katharinen-, die Andreas- oder die Martinikirche. Aber St. Michaelis? Das 1157 für Fremde und Pilger geweihte Gotteshaus war nie ein wirkliches Aushängeschild für die Stadt. Erst recht nicht das Viertel, in dem sie heute noch steht. Hier befand sich bereits im 12. Jahrhundert ein Friedhof für Arme, Fremde und Verbannte. Die spätere Gemeinde galt stets als wenig wohlhabend. Ihr gehörten die kleinen Ackerbürger, Handwerker und Tagelöhner an, die hier am Rande der Stadtmauer lebten und die Echternstraße mit Huren und Henker teilten. Kaum beachtet von den reichen Patriziern, die in der Martinikirche ein- und ausgingen. Und doch hat die Kirche eine interessante Geschichte zu erzählen – von einer Person, die für ihren Glauben unvorstellbare Qualen auf sich nahm und dabei sogar noch ihren Humor bewahrte.

Thomas Ostwald steht an der Nordostseite der dreischiffigen gotischen Hallenkirche. Er kann viel erzählen über den Sakralbau, der einige Besonderheiten zu bieten hat. „Die tragenden Elemente der Fassade sind aus Elmkalkstein. Dazwischen ist aber ein roter Füllstein verbaut. Der stammt vom Nussberg und hatte nur die Funktion, die Kosten zu drücken", berichtet der Stadtführer und Buchautor. Die eher breit als spitz wirkende kupfergrüne Kirchturmspitze brannte im Bombenhagel von 1944 als einzige große der Innenstadt nicht ab. Der im romanischen Stil errichtete Westturm enthält die letzte noch mechanisch betriebene Turmuhr der Stadt. Und dann sind da noch die 1926 eingebauten acht farbigen Glasfenster, die den hohen Standard der braunschweigischen Glasmalerei an der Wende zum 20. Jahrhundert dokumentieren. Nicht zu vergessen: die Mauernische an der Güldenstraße mit dem stark abgegriffenen Christuskopf-Relief. „Wer die Stadt in Richtung des Michaelistors verließ, legte noch einmal seine Hand auf den Kopf, um den Segen für seine Reise zu erbitten", erläutert der Privathistoriker.

Thomas Ostwald legt seine Hand an die Wange des steinernen Christus.

Vielen Experten fällt im Zusammenhang mit St. Michaelis der Name Thomas Müntzer ein, der als einer der frühen Reformatoren von 1514 bis 1521 an der Kirche tätig war, bevor er als Aufständischer im Bauernkrieg grausam exekutiert wurde. Ein Detail an der Kirche erinnert an einen ebenso furchtbaren Tod: In einem der Giebel auf der Nordostseite steht eine Figur mit einem Metallrost in der rechten Hand. Es handelt sich hierbei um St. Laurentius von Rom, der am 6. August 258 den Tod auf dem Martergerät fand. Seine Biografie passt zur Geschichte von St. Michaelis: Der in Spanien geborene Laurentius wurde kurz nach der Wahl von Papst Sixtus II. zu einem der sieben Diakone Roms gewählt. Sein thematischer Schwerpunkt neben den Finanzen: die Sozialarbeit. Die Bedürftigen, Witwen und Waisen waren also jene, um die sich Laurentius kümmerte.

Doch der römische Kaiser Valerian ordnete im Zuge einer brutalen Christenverfolgung im Jahr 258 an, dass alle Bischöfe, Priester und Diakone getötet werden sollten. Nach der Enthauptung von Sixtus forderte Valerian von Laurentius die Herausgabe des Kirchenschatzes. Dieser allerdings nutzte die erbetene Bedenkzeit dafür, die Güter unter den Mittellosen zu verteilen und präsentierte dem Kaiser letztlich die beschenkten und christlich gewordenen Armen als die wahren Schätze der Kirche. Der höchst erboste Valerian ließ Laurentius daraufhin mit Bleiklötzen schlagen, zwischen glühende Platten legen und ordnete schließlich sogar an, den Unerschütterlichen auf einem Rost über dem Feuer liegend zu Tode zu quälen. „Diese aufwendige Art der Folter hat mich schon sehr verwundert. Oft wurde einfach nur der Scheiterhaufen genutzt. Hier hat man extra eine Metallkonstruktion gebaut", meint Ostwald. Laurentius musste leiden, ließ sich eines aber nicht nehmen: Dem Henker soll er der Überlieferung nach gesagt haben, dass dieser ihn auf dem Feuer bitte wenden möge, der Braten sei auf der einen Seite doch schon gar.

Henning Thobaben

So geht's zur Heiligenfigur:

Wer vor dem Eingang der Michaeliskirche steht, folgt der kleinen Straße links an der Kirche vorbei. Im letzten Giebel, kurz vor der Güldenstraße, ist die Statue zu sehen.

1
HIER LAGERTE
HERZOG FRIEDR. WILHELM
VON BRAUNSCHWEIG-ÖLS
IN MITTEN SEINER KRIEGER
IN DER NACHT AUF D. 1 AUG. 1809.

31

Baum mit Zaun

Geschichte wurde Legende, Legende wurde Mythos

Eigentlich ist das ja gleich ein doppeltes Geheimnis, sozusagen ein Geheimnis in einem Geheimnis!“, sagt Stadtteil-Heimatpflegerin Inka Schlaak, während sie auf einen alten Baum samt Metallzaun blickt. „Das ist nämlich nicht nur ein historisches Denkmal, das von turbulenten Zeiten zeugt, sondern gleichzeitig auch seit 1959 ein Naturdenkmal – steht ja auch dran“, fügt sie noch hinzu und weist dabei nach oben, wo am Stamm der alten Eiche ein reichlich verwittertes und grün gewordenes Holzschild die Aufschrift Naturdenkmal trägt.

Mit den turbulenten Zeiten meint die geborene Braunschweigerin das beginnende 19. Jahrhundert während der sogenannten Franzosenzeit. Die gab es auch in Braunschweig. Am 14. Oktober 1806 hatte nämlich der braunschweigische Herzog Karl Wilhelm Ferdinand von Braunschweig-Wolfenbüttel (1735–1806) die Schlacht bei Jena und Auerstedt gegen die Truppen Napoleons nicht nur verloren, sondern war in ihr auch schwer verwundet worden. So schwer, dass er wenige Wochen später, in Ottensen, nahe Hamburg starb.

Sein Sohn Friedrich Wilhelm (1771–1815) – wegen seiner schwarzen Uniform landläufig nur der *Schwarze Herzog* genannt – folgte ihm als neuer Herzog von Braunschweig-Wolfenbüttel und als Kämpfer gegen die französische Besetzung seiner Heimat. Dazu stellte der junge Herzog seine eigene Truppe auf, die wie er fast gänzlich in schwarze Uniformen gekleidet war und deshalb als Schwarze Schar bezeichnet wurde. Ähnlich wie das ebenfalls gegen Napoleon kämpfende Lützowsche Freikorps stellte sich auch die Schwarze Schar mal mehr, mal weniger erfolgreich den napoleonischen Truppen entgegen, um Deutschland in den Freiheitskriegen zwischen 1806 und 1815 von der französischen Herrschaft zu befreien.

Die Schwarze Schar war den Truppen Napoleons, zu denen übrigens auch Truppen aus besetzten deutschen Staaten gehörten, zahlen-

Der Zaun ist in den 1850er-Jahren entstanden.

mäßig meist hoffnungslos unterlegen, aber mit Patriotismus und Kampfesmut wollten sie diesen Nachteil wieder ausgleichen. Wie die anderen Freiheitskämpfer, wie sie von der Bevölkerung genannt wurden, versuchte das Freikorps der Schwarzen Schar, die Franzosen mit Guerillataktiken zu bekämpfen.

So kam es schließlich, dass die Schar des braunschweigischen Herzogs am 29. Juli 1809 erst an der Erstürmung Halberstadts, 60 Kilometer südöstlich von Braunschweig, beteiligt war, um dann von dort nach Braunschweig zu ziehen, da bekannt war, dass sich nordwestlich der Stadtgrenze französische Truppen sammelten.

Tatsächlich standen unweit des Dorfes Ölper, nur drei Kilometer vom Burgplatz entfernt, etwa 5.000 Mann einer westphälischen Division unter dem französischen General Jean-Jacques Reubell (1777–1847).

Der Herzog und seine Truppen sammelten sich am 31. Juli 1809 im Westen der Stadt, am Petritor, wo sie ihr Biwak für die Nacht aufschlugen. Allen war bewusst, dass es am kommenden Tag, dem 1. August, zum Kampf mit den napoleonischen Truppen kommen würde. Das Lager des braunschweigischen Herzogs und seiner Soldaten wurde von vielen Einwohnern Braunschweigs, die ihre Helden, die sich der Übermacht entgegenstellen wollten, besucht. Der Kupferstecher Eberhard Siegfried Henne (1759–1828) fertigte sogar einen Stich an, der das Lager des Herzogs unter Bäumen und mit Bürgern zeigt. Und: Am kommenden Tag kam es tatsächlich zum Gefecht bei Ölper, das in die Geschichte einging.

Durch Glück oder Zufall siegten die Franzosen trotz ihrer Überlegenheit nicht, aber man kann auch nicht sagen, dass die Schwarze Schar den Sieg davontrug. Die Verluste aufseiten der Schar waren verhältnismäßig gering. Die Gräber zweier Offiziere sind noch heute erhalten: Hauptmann Carl von Rabiel wurde auf dem Friedhof des Kreuzklosters bestattet (heute an der Freisestraße), das Grab von Carl Eustachius von Wulfen befindet sich auf dem Katharinenfriedhof (heute am Rebenring, Ecke Pockelsstraße). Im Februar 2019 wurde bei Bauarbeiten an der Celler Straße auf dem Grundstück, das heute zur Villa von Bülow gehört, früher aber ein Teil des Kreuzklosterfriedhofes war, ein Grab mit acht männlichen Skeletten gefunden. Untersuchungen legen die Vermutung nahe, dass es sich dabei um Gefallene des Gefechts bei Ölper handelt. Auf welcher Seite sie standen, konnte allerdings nicht mehr ermittelt werden.

Der glückliche Umstand, dass die zahlenmäßig weit unterlegene Schwarze Schar nicht besiegt wurde, feiert die Truppe alsbald als Sieg. Der Herzog und seine Mannen zogen von Ölper weiter nach Norden zur Weser und setzten sich schließlich über Elsfleth nach England ab, von wo aus sie bis zur Entscheidungsschlacht bei Waterloo am 18. Juni 1815 gegen Napoleon kämpften. Zwei Tage vor der Schlacht von Waterloo jedoch fiel der Schwarze Herzog in der Schlacht bei Quatre-Bras. Sein Leichnam wurde umgehend nach Braunschweig überführt und in der Krypta des Doms beigesetzt, wo er sich noch heute befindet.

Inka Schlaak vor der Einfassung.

Die Bevölkerung verklärte den Schwarzen Herzog und seine Schwarze Schar daraufhin zu Volkshelden und so kam es, dass Bürger zunächst 1823 auf dem (heute sogenannten) Löwenwall ein Denkmal bestehend aus einem 22 Meter hohen gusseisernen Obelisken, umgeben von vier überlebensgroßen Löwen, zu Ehren Friedrich Wilhelms und seines Vaters Karl Wilhelm Ferdinand errichteten.

Wiederum Jahre später, wahrscheinlich 1859, zum 50. Jahrestag des Gefechts, wurde am Ort des legendären herzoglichen Biwaks ein Metallzaun, entworfen von Kreisbaumeister Friedrich Maria Krahe (1804–1888), errichtet und eine Eiche gepflanzt. Es handelt sich dabei aber nicht um irgendeinen Zaun, da sollte man schon genauer hinsehen, rät Inka Schlaak: Denn der Zaun gibt zahlreiche Hinweise auf die historischen Ereignisse. So stellen zum Beispiel sieben senkrechte dicke Pfähle Kanonenrohre dar. Darauf sieht man jeweils eine Kanonenkugel und eine Flamme. Um die Rohre windet sich an der Mündung ein schwarzer Lorbeerkranz, unten mit vergoldetem Eichenlaub. Von oben nach unten sind auf den Rohren zudem vergoldet ein Stern, eine (Herzogs-)Krone, die Initialen *F. W.* (für Friedrich-Wilhelm – den Schwarzen Herzog) und schließlich noch ein Löwenkopf angebracht. Im Zentrum des Zauns ist eine große Tafel, oben verziert mit dem bekrönten großen Wappen des Herzogtums Braunschweig, befestigt. Darunter steht in goldenen Lettern: *Hier lagerte Herzog Friedr. Wilhelm von Braunschweig. Öls in mitten seiner Krieger in der Nacht auf d. 1. Aug. 1809.* Und auf einer anderen Tafel ist zu lesen: *Dem deutschen Heldenfürsten.* Der Zaun hatte ursprünglich drei Seiten, eine davon, die nördliche, fehlt heute. An der fehlenden Zaunseite war eine Tafel mit der Aufschrift *Dem Landesvater, sein treues Volk. 1. August 1859* angebracht.

So trug neben zahlreichen anderen Denkmälern und Memorabilien auch dieser Baum mit Zaun im 19. Jahrhundert dazu bei, dass aus Geschichte Legende und aus Legende Mythos wurde – der Mythos des Schwarzen Herzogs und dessen Schwarzer Schar.

Heute – fast 170 Jahre, nachdem das Denkmal unweit der westlichen Okerumflut errichtet wurde – steht der martialisch anmutende Zaun noch immer im Schatten der Friedrich-Wilhelm-Eiche, die an den Schwarzen Herzog, die Schwarze Schar und die kriegerischen Ereignisse aus dem frühen 19. Jahrhundert erinnern soll. „Nur“, schließt Lokalhistorikerin Inka Schlaak, „heute weiß das kaum noch jemand.“

Jörg Porsiel

So geht's zum Baum mit Zaun:

Der Baum steht unübersehbar an der Ecke Petritorwall/Am Neuen Petritore und ist dank des ihn umgebenden schmiedeeisernen Zauns leicht zu erkennen.

Heiko Krause ruht sich auf seinen Lorbeeren aus. Oder besser: auf dem von ihm geretteten Kapitell.

32

Kapitell

Ottmers schmuckes Stilelement

Die Ausflüge auf die Okerinsel in Kindertagen sind Heiko Krause in bester Erinnerung geblieben. Schließlich war die Fläche in den 1970er-Jahren ein Rummelplatz. Krause, damals noch im Grundschulalter, zog es mit seiner Familie immer wieder dorthin. Das Karussell mit der Diskokugel auf der Spitze, das zu der Melodie des Sweet-Songs *Fox on the Run* rotierte, der Duft nach Leckereien, die aufgeregte Atmosphäre. „Sogar eine Delfinshow, bei der die Tiere durch einen Ring von einem Bassin ins andere hüpften, gab es an dieser Stelle mal", erinnert sich der Braunschweiger. Eigentlich, sagt er, sei das Gelände nie tot gewesen. Allerdings auch nicht ungefährlich für Frauen mit Stöckelschuhen. Nicht nur wegen des Kopfsteinpflasters, sondern auch wegen der im Pflaster verbliebenen Schienenreste. Denn wenige Jahre zuvor fuhren hier noch die Züge in den damaligen Bahnhof ein und wieder aus. Nur noch wenig erinnert heute daran. Aber ein verstecktes Artefakt gibt es, das von dem prachtvollen Bahnhofsgebäude zeugt: ein Kapitell der früheren Rotunde.

Vom Friedrich-Wilhelm-Platz aus sieht das heutige Direktionsgebäude der Braunschweigischen Landessparkasse schon schmuck aus und erinnert in seiner Gesamtheit an den Alten Bahnhof. Im allgemeinen Sprachgebrauch wird er als Ottmerbau bezeichnet. Denn mit dem Bau des Bahnhofs war der damalige Braunschweigische Hofbaumeister Carl-Theodor Ottmer (1800-1843) beauftragt worden. Ein erstes Bahnhofsgebäude im Stile der alten Stadttore wurde nach seinen Plänen im Jahr 1838 fertiggestellt. Weil aber das Zugverkehrsaufkommen in dieser Zeit rasant stieg, musste der Architekt kurze Zeit später nachlegen: Ein Hauptgebäude mit repräsentativem Charakter sollte her. Ottmer plante die Ausführung, starb aber etwa zwei Wochen nach Beginn der Absteckarbeiten in Berlin, wo er kurz zuvor zum Ehrenmitglied der preußischen Akademie der Künste ernannt worden war.

In restaurierter Form ist Ottmers Werk mit Blick von der Innenstadtseite noch heute zu bewundern. Die Nordfassade des heutigen Sparkassengebäudes ist im Original erhalten geblieben, nachdem das Gebäude im Zweiten Weltkrieg beschädigt und 1960 durch den jetzigen Hauptbahnhof am Berliner Platz ersetzt worden war. Der Architekt Hannes Westermann integrierte die Fassade letztlich in einen 1968 fertiggestellten Neubau, in dem statt Fahrgästen jetzt die Bankangestellten ein- und ausgehen.

Doch wer sich auf dem Areal gezielt auf die Suche begibt, der entdeckt ein noch ganz anderes Erinnerungsstück: Es ist der obere Abschluss einer Säule, ein sogenanntes Kapitell. Lavendel und andere Pflanzen umrahmen in der wärmeren Hälfte des Jahres das Objekt, dessen Geschichte nur wenige kennen. Heiko Krause tut es, weil er sich seit vielen Jahren für die Bahnhofsgeschichte interessiert, zahlreiche Vorträge über das Thema gehalten und sogar eine DVD dazu herausgebracht hat.

„Der Haupteingang des Bahnhofs befand sich nicht an der heute noch mit der Originalfassade versehenen Nordseite. Dort war nur der Kaffee- und Biergarten der Bahnhofsgastronomie verortet. Der Eingang lag an der mehr als dreimal so langen Westseite des rechteckigen Gebäudes“, erläutert der Heimatpfleger des Stadtteils Westliches Ringgebiet. Dort war ein pavillonartiger Vorbau installiert worden, in dem acht Säulen mit korinthischen Kapitellen verbaut wurden. Es sei ein Hingucker gewesen, sagt Krause. Rundfenster mit Mittelrosetten und schmiedeeisernen Verzierungen hätten die Rotunde geschmückt. Allerdings seien früh Bauschäden aufgetreten, weswegen die Rundkonstruktion alsbald ummauert und dabei gleichzeitig erweitert worden sei, berichtet Krause.

Während die Zugreisenden den Bahnhof durch einen eher schmucklosen Ausgang an der Ostseite verließen, bot der Weg in das Gebäude also einen schönen Blick und sollte die Vorfreude auf die bevorstehende Fahrt heben. Das Kapitell als vermutlich letztes Überbleibsel zeugt noch heute von der Pracht des einstigen Entrées. Vor allem dem Engagement Krauses ist es zu verdanken, dass dieses Relikt hier noch immer zu sehen ist. Bei der Sanierung und Umgestaltung der Okerinsel im Jahr 2017 wäre das Kapitell durch beteiligte Baufirmen beinahe entsorgt worden.

Henning Thobaben

So geht's zum Kapitell:

Das Kapitell befindet sich auf der Okerinsel zwischen Friedrich-Wilhelm-Platz und Volkswagen-Halle. Wer vom Friedrich-Wilhelm-Platz über die östlich gelegene Brücke kommt, biegt direkt hinter dem Direktionsgebäude der Braunschweigischen Landessparkasse rechts ab und geht die Rampe nach oben. Das Kapitell ist auf der linken Seite, an eine Terrasse am benachbarten Gebäude angrenzend, zu finden.

Hand

Handzeichen aus dem Mittelalter

Dass der Text, der etwas rechts des Portals der aus dem 13. Jahrhundert stammenden Brüdernkirche steht, wichtig ist, ist allein schon an der aufgemalten Hand zu erkennen, die auf ihn deutet. „Dass man eine sogenannte zeigende Hand sieht, ist sonst eher aus mittelalterlichen Handschriften bekannt. An einer Gebäudemauer, noch dazu einer Kirchenmauer, also im öffentlichen Raum, ist das schon ungewöhnlich." Der das sagt, ist Henning Steinführer, Direktor des Stadtarchivs Braunschweig. Er kennt sich aus mit mittelalterlichen Handschriften und der Geschichte der Löwenstadt.

Steinführer zeigt auf die in etwa drei Metern Höhe befindliche gotische Schrift. „Die Inschriften", erzählt er, „stammen aus der Zeit zwischen dem späten 14. und der Mitte des 15. Jahrhunderts." Auch der Charakter der Schrift erinnere eher an eine Handschrift, denn sie besteht aus gotischen Minuskeln, wie man die vor allem Kleinbuchstaben verwendende Schrift, die im späten Mittelalter allgemein verbreitet war, bezeichnet.

Insgesamt sind es acht Zeilen mit bräunlich roten Minuskeln. Auf die oberste Zeile, also den Anfang der Inschrift, weist von links eben jene in einem Ärmel steckende rechte Hand mit Zeige- und Mittelfinger. „Ähnlich wie in mittelalterlichen Manuskripten soll diese zeigende oder weisende Hand die besondere Bedeutung eines Textes kenntlich machen, der in diesem Fall für alle Bewohner der Stadt gut sichtbar an einem Strebepfeiler außen an der Kirche angebracht worden war."

Welche Information war nun aber so wichtig, dass extra darauf hingewiesen wurde? „Der Text berichtet von drei siegreichen Schlachten braunschweigischer Fürsten." Die erste war die Schlacht bei Winsen am 28. Mai 1388 und die entscheidende im sogenannten Lüneburgischen Erbfolgekrieg. Die zweite, die Schlacht bei Beinum, südlich von Braunschweig gelegen, fand während der Hildesheimer

Henning Steinführer studiert die Inschrift an der Brüdernkirche.

Stiftsfehde statt und ging als ‚letzte ehrliche Ritterschlacht' in die Geschichte ein. Das war am 21. Oktober 1393. Und die letzte der drei aufgeführten Schlachten ging auch wieder gegen das Bistum Hildesheim mit seinem Bischof Johann I. von Hoya, wurde bei Grohnde an der Weser geschlagen und fand am Gründonnerstag, dem 9. April 1421 statt. Steinführer ergänzt: „An allen drei Schlachten waren nicht nur die braunschweigischen Welfenherzöge beteiligt, die zu dieser Zeit ihre Residenz noch in der Stadt hatten, sondern auch zahlreiche Bürger Braunschweigs. Deshalb war die Erinnerung daran so wichtig, dass man ihrer mit einer Inschrift an dieser Kirche gedachte."

Die Erinnerung an die Siege sei übrigens nicht auf einmal, sondern über einen Zeitraum von mehreren Jahrzehnten vorgenommen worden. Das erkennt man besonders gut daran, dass die beiden ersten Zeilen größere Buchstaben aufweisen als die restlichen. Und beim letzten Eintrag, 1422, wich man für die beiden letzten Zeilen sogar noch etwas nach links aus, sodass dort heute eine Art Überstand sichtbar ist", erklärt Wahl-Braunschweiger Steinführer.

Die Hand besagt ganz klar: Diese Inschrift ist wichtig!

Ursprünglich handelte es sich tatsächlich um eine IN-Schrift: Die Buchstaben wurden in den Stein gemeißelt und dann mit Farbe nachgezeichnet, um sie deutlicher hervortreten zu lassen. Im Lauf der Jahrhunderte aber geriet die Inschrift zu einer AUF-Schrift. Heute sind die Vertiefungen mit Mörtel ausgefüllt, aber immer noch farbig nachgezeichnet. Einige Buchstaben der untersten zwei Zeilen sind nicht mehr lesbar, weil sie irgendwann – wahrscheinlich während des Zweiten Weltkriegs – beschädigt wurden.

Für die Stadt war das bei den Bürgern aller Weichbilder gleichermaßen beliebte Franziskanerkloster auch politisch von Bedeutung. Denn hier kam der Große Rat, der Zusammenschluss aller Weichbildräte, der unter anderem auch über Fragen von Krieg und Frieden zu entscheiden hatte, zu seinen Beratungen zusammen.

„Bei der letzten Jahresangabe liegt übrigens ein Datierungsfehler vor", verrät Steinführer noch. Aus anderen Quellen der Zeit ist bekannt, dass die Schlacht bei Grohnde 1421 stattfand. Indes, in der Inschrift ist eindeutig die Zahl 1422 vermerkt. Vielleicht ein Zeichen dafür, dass die Inschrift erst mit einigen Jahren Abstand angebracht wurde, als das genaue Jahr des für Braunschweig siegreichen Treffens gar nicht mehr so wichtig war."

Jörg Porsiel

So geht's zur Hand:

Steht man vor dem Portal der Brüdernkirche, an der Straße Hinter Bürdern und Schützen gelegen, und blickt etwa zehn Meter nach rechts, kann man in drei Metern Höhe an einem Strebepfeiler der Kirche die Inschrift samt der weisenden Hand sehen.

Kennel

Ein Stück England in Braunschweig

Das Kennel-Gelände gehört zu Richmond", erklärt Joachim Block und blickt dabei von der Anhöhe, auf der das Schlösschen aus dem 18. Jahrhundert steht, hinunter in die Okeraue und über den Park und eben jenes *Kennel* hinweg, bis dorthin, wo die Bäume mit dem Horizont verschmelzen. Das Feldschlösschen, wie es schon seit über 250 Jahren von vielen genannt wird, ist den Braunschweigern ein Begriff. Bis vor wenigen Jahren gab es sogar eine Brauerei dieses Namens in der Stadt. „Richtig muss *Richmond* natürlich englisch ausgesprochen werden – nicht französisch!", sagt Block. „Viele kennen die Geschichte dieses Bauwerkes, des dazugehörenden Kennels und des Parks kaum. Deshalb waren sich die Braunschweiger immer uneins, wie denn nun Richmond tatsächlich auszusprechen sei – und warum es überhaupt so heißt. Ähnliches gilt für das Kennel. Das sprechen zwar alle richtig aus, aber kaum jemand weiß, was diese Bezeichnung – das englische Wort für Hundezwinger – in diesem Zusammenhang zu bedeuten hat", fügt er noch hinzu.

Tatsächlich wurde Schloss Richmond 1768 im Süden, damals noch vor den Toren Braunschweigs, vom braunschweigischen Erbprinzen Karl Wilhelm Ferdinand, dem Sohn des regierenden Herzogs Karl I. (1713–1780), für seine junge Ehefrau Augusta von Braunschweig-Lüneburg (1737–1813) nach den Plänen von Baumeister Carl Christoph Wilhelm Fleischer (1727–1787) erbaut. Die Ehefrau des Braunschweiger Erbprinzen stammte zwar aus dem welfischen Haus Hannover, also sozusagen von nebenan, war aber durch ihre Geburt in London Prinzessin von Großbritannien und Irland, denn ihr Vater war der älteste Sohn Friedrich Ludwigs von Hannover, der wiederum ältester Sohn des britischen Königs Georg II. (1683–1760) war. Das heißt, Augusta war zwar Hannoveranerin, aber eben doch nicht von nebenan, sondern von ziemlich weit weg, nämlich aus England.

Joachim Block im Kennel, im Hintergrund Schloss Richmond.

Nachdem Augusta und Karl Wilhelm Ferdinand 1764 in London geheiratet hatten, zogen sie nach Braunschweig, wo Augustas Schwiegermutter, die Gemahlin des regierenden Herzogs Karl, Herzogin Philippine Charlotte, eine Schwester Friedrichs des Großen, den Ton angab. „Das war wohl ein ziemlicher Kulturschock für Augusta", spöttelt der geborene Braunschweiger Block ein wenig. „Prompt bekam die Dame Heimweh nach ihrer grünen Insel." Daraufhin ließ ihr Ehemann nichts unversucht, die Gemahlin abzulenken und aufzuheitern. Schließlich ließ er, sozusagen als Trostpflaster, das kleine Schlösschen samt englischer Parklandschaft für sie errichten bzw. anlegen. Für den Park im englischen Stil, den seine Frau so liebte, weil sie ihn von zu Hause kannte, ließ der Gatte extra den bereits zu seinen Lebzeiten berühmten englischen Landschaftsgärtner Lancelot Brown (1716–1783) nach Braunschweig kommen. Wegen seiner überragenden Fähigkeiten hatte man jenem Brown den Beinamen Capability Brown gegeben. Capability ist das englische Wort für Können oder Fähigkeit. Als Reminiszenz an Augustas Heimat wurden Schloss und Park in Braunschweig *Richmond Park* benannt, nach der größten königlichen Parkanlage im englischen Richmond upon Thames, südwestlich von London.

Ein besonderer Zeitvertreib der Erbprinzessin, die das Schlösschen schon bald nach seiner Fertigstellung als Dauerwohnsitz nutzte, waren ihre zahlreichen Hunde. Für diese wurde ein großer Zwinger auf der sich dem Park nach Westen – also außerhalb der Hörweite des Schlosses – anschließenden Fläche errichtet. „Das englische Wort für Hundezwinger ist kennel", bemerkt der Professor, der beruflich mit ganz anderen Dingen zu tun hat, nämlich mit Raumfahrt. „Daher also das Wort, das alle verwenden, zum Beispiel, wenn sie im Sommer ins Kennel gehen ...", sagt er etwas kryptisch. „Das Kennel ist die Kurzbezeichnung für das Kennel-Freibad", ergänzt Block. *Das* Kennel ist seit Jahrzehnten ein beliebter Sommertreffpunkt der Stadt. *Der* Kennel hingegen bezeichnet das gesamte parkähnliche Naherholungsgebiet im Süden der Stadt. „Da ist der Übergang von Schlosspark und Kennel eher fließend", meint Professor Block.

Das Schicksal von Schloss, Park und Kennel sowie von Herzog und Herzogin war allerdings eher ein trauriges: Herzog Karl Wilhelm

Ferdinand kämpfte gegen die Truppen Napoleons. In der Schlacht bei Jena und Auerstedt zwischen Preußen und Frankreich am 14. Oktober 1806 wurde er schwer verwundet und starb einige Tage später. Seine Witwe floh anschließend mit den gemeinsamen Kindern vor den heranrückenden Truppen Napoleons nach London und kehrte nie wieder nach Braunschweig zurück. Das nun verlassene Schloss, der Park und das Kennel-Gelände verfielen für lange Jahre in einen Dornröschenschlaf.

Aber der jüngste Sohn des Paares, Friedrich Wilhelm (1771–1815), der legendäre Schwarze Herzog (siehe Geheimnis 31), kehrte noch einmal in seine Geburtsstadt zurück, wo er für kurze Zeit regierte, bis er am 16. Juni 1815 bei Quatre-Bras, im Vorfeld von Waterloo, der allerletzten Schlacht gegen die napoleonischen Truppen, ebenfalls fiel.

Schloss Richmond, Park und Kennel gingen schließlich 1935 in den Besitz der Stadt über, die sich seither um die Erhaltung des Ensembles aus dem 18. Jahrhundert kümmert.

Jörg Porsiel

So geht's zum Kennel:

Der schönste Weg zum Kennel führt über die Wolfenbütteler Straße und Schloss Richmond, von wo aus das gesamte Park- und Gartengelände überblickt werden kann.

Windmühle

Wechselvolle Geschichte

Das ist schon ein technisches Meisterwerk", sagt Henning Borek und ein klein wenig Stolz schwingt dabei in seiner Stimme mit. „Angefangen damit, dass die Mühle weder von Nägeln, noch von Schrauben zusammengehalten wird – das war vor Hunderten von Jahren schon so und heute ist es immer noch so."

Im Übrigen handle es sich um eine Bockwindmühle, lässt der Mühlenexperte noch wissen. „Das ist der älteste und damit am meisten verbreitete Mühlentyp in Europa, also auch bei uns. Den gibt es schon seit dem 12. Jahrhundert." Bockwindmühlen werden auch Ständermühlen genannt, weil sie drehbar auf bzw. um den sogenannten Hausbaum, den Ständer, herum gebaut sind und so immer in den Wind gerichtet werden können, um den optimalen Wirkungsgrad zu erzielen. Früher wurde die zehn Meter hohe Mühle mit menschlicher Muskelkraft oder mit Zugtieren in den Wind gedreht und: „Bockwindmühlen sind sogar zerlegbar, sodass sie früher vom Müller von Ort zu Ort transportiert werden konnten. Ein ziemlicher Aufwand", erläutert Borek fachkundig.

Die Riddagshäuser Bockwindmühle steht nicht nur unter Denkmalschutz, sie hat sogar einen eigenen Namen, nämlich *Victoria Luise*. Benannt ist sie nach der letzten braunschweigischen Herzogin und einzigen Tochter des letzten deutschen Kaisers Wilhelm II., die ihre letzten Lebensjahre in Riddagshausen verbrachte.

Wie aber nun kam *Victoria Luise* nach Riddagshausen? Tatsächlich ist der Verleger Henning Borek genau der Richtige, um diese Frage zu beantworten. „Ursprünglich gab es hier gar keine Mühle", sagt er, aber sein Vater Richard und er hatten Ende der 1960er-Jahre die Idee, „eine Mühle für Riddagshausen zu besorgen", um das Naherholungs- und Naturschutzgebiet vor den Toren Braunschweigs aufzuhübschen. Nach längerer Suche wurden sie schließlich in Remlingen, einem klei-

In diesem kunstvollen Bauwerk steckt keine einzige Schraube. Und auch kein Nagel.

nen Dorf ein paar Kilometer südöstlich von Wolfenbüttel fündig.

Die dortige Bockwindmühle mit einer Flügelspannweite von fast 20 Metern stammte aus dem Jahr 1835 und war über all die Zeit tatsächlich in Betrieb – bis 1966. Zu diesem Zeitpunkt hatte sie allerdings schon ihre vier Flügel eingebüßt, der erste brach in dem Jahr ab, in dem sie unter Denkmalschutz gestellt wurde, 1944, mitten im Zweiten Weltkrieg. Die anderen wurden 1956 demontiert und von da an trieb stattdessen ein Elektromotor die Mühle an. 1966 mahlte sie das letzte Mal Getreide. Danach, sozusagen an ihrem Lebensende, befand sich die Windmühle in einem jämmerlichen Zustand, denn, obwohl sie unter Denkmalschutz stand, konnte sie während des Zweiten Weltkriegs und in den Folgejahre wegen Geldmangels nicht mehr instand gehalten werden, sodass eigentlich 1966 ihr Abriss schon beschlossene Sache war – aber dann kamen Vater und Sohn Borek ins Spiel.

Richard Borek weiß: Auch im Inneren der Mühle ist es spannend.

Sozusagen in letzter Minute gelang es den Boreks mit einem „Zusammenschluss Riddagshausen Bürger“, so Borek, das geschichtsträchtige Bauwerk vor diesem Schicksal zu bewahren. Nach längerem bürokratischen Hin und Her konnte die baufällige 32 Tonnen schwere Bockwindmühle endlich im Frühjahr 1978 vollständig demontiert werden. Anschließend wurde die in viele Einzelteile zerlegte Mühle samt den original Mühlsteinen nach Riddagshausen transportiert. „Keine einfache Sache“, erinnert sich Borek. Unter Mithilfe zahlreicher Braunschweiger Bürger und einem hohen Spendenaufkommen wurde sie dann aufwendig restauriert, wieder instand gesetzt und schließlich Anfang 1979 Stück für Stück am heutigen

Standort, der Lünischhöhe, der höchsten Erhebung in Riddagshausen, wiederaufgebaut und so zu neuem Leben erweckt.

Wenn sich die vier Mühlenflügel heute wieder drehen, so wie damals in Remlingen, dann knarrt und ächzt es im Gebälk der Mühle beträchtlich. Da bewegen sich etliche, zum Teil riesige Zahnräder und Wellen und treiben den Mühlstein an. Man fühlt sich dann wie auf einem uralten Segelschiff bei voller Fahrt, so knarrt das Gebälk. Aber: „Das ist ganz normal", erklärt der geschichtsbegeisterte Borek gelassen. „Das muss so sein. Da passiert nichts. Hier ist alles fest miteinander verbunden. So arbeitet eine alte Mühle nun mal." Das Mahlwerk und damit die Mühle kann bei Windstärken zwischen drei und neun, das ist fast Orkanstärke, betrieben werden. „Bei Windstärke neun geht's hier richtig rund!", sagt Henning Borek mit einem Lächeln.

Heute ist die Riddagshäuser Bockwindmühle nicht nur eine wieder funktionierende Mühle und ein technisches Denkmal, sondern in ihrem Inneren befindet sich auch ein selbst zusammengetragenes kleines Technikmuseum zur Mühlengeschichte. In ihm kann man sich anschaulich die Mahl- und Mühlentechniken, nicht nur vergangener Jahrhunderte, sondern sogar vergangener Jahrtausende demonstrieren lassen.

Jörg Porsiel

So geht's zur Windmühle:

Die Windmühle steht – wenn wundert's – auf dem höchsten Landschaftspunkt in Riddagshausen, südlich des Lünischteichs. Über den Riddagshäuser Weg kommt man sowohl von Westen (Prinzenpark) als auch von Osten (Kloster Riddagshausen) zu ihr.

Die Schrift auf der Gedenktafel ist, vor allem in der Mitte, kaum noch zu entziffern.

36

Friedhofsgedenktafel

Wo ein Rabbiner beim Gebet starb

Auf diesem Friedhofsareal an der Helmstedter Straße ist alles etwas anders. Auf dem Schild im Eingangsbereich werden Besucher gebeten, eine Kopfbedeckung zu tragen. Auf einigen Grabsteinen liegen kleine Steinchen – ein uralter Brauch aus einer Zeit, als Angehörige die Gräber der Verstorbenen mit kleinen Steinhaufen markierten und so gleichzeitig verhinderten, dass die dort ruhenden Leichen von wilden Tieren ausgegraben wurden. Dass es in ihrer Stadt einen jüdischen Friedhof gibt, mag so manchem Braunschweiger bekannt sein. Doch die Gedenktafel mit den Namen von 18 im Ersten Weltkrieg gefallenen Braunschweiger Juden ist leicht zu übersehen. Sie befindet sich an einer Seitenwand der Friedhofskapelle, die Namen sind im verwitterten Elmkalkstein teilweise nur noch mühsam zu entziffern. Dabei verbergen sich dahinter Schicksale, die nicht vergessen werden sollten.

Heiko Nerenz hat sich mit der Geschichte der Juden in der Stadt und im Braunschweiger Land ausführlich beschäftigt. Zahlreiche Wikipedia-Einträge fertigte der promovierte Chemiker zu dem Themenkomplex an. „Wie in ganz Deutschland hatte die jüdische Bevölkerung auch in Braunschweig eine große Bedeutung für die wirtschaftliche Entwicklung“, erklärt Nerenz. Hier, auf dem Friedhof, sei das anhand einiger Lebensläufe gut nachzuvollziehen. Und so werde es künftig auch bleiben. Denn: „Jüdische Friedhöfe genießen in Deutschland Ewigkeitsrecht“, weiß er.

Heiko Nerenz begutachtet die stark verwitterte Gedenktafel.

„Friede mit Euch, die ihr ruht im Feindesland und in der Heimat. Die ihr starbet für uns, nimmer vergessen wir Euch“, lautet die einleitende Inschrift oben auf der Gedenktafel. Darunter prangt der Davidstern, daneben zwei Palmzweige als Zeichen des Ruhms für die Verstorbenen. Unterhalb des Namenfelds sind zwei gelöschte Fackeln dargestellt.

Von den 18 Schicksalen geht Heiko Nerenz ganz besonders eines nahe: das des einstigen braunschweigischen Landesrabbiners Gutmann Rülf. Der Geistliche hatte den neuen jüdischen Friedhof am 25. Oktober 1914 mit einer Predigt eingeweiht. Ein gutes Jahr später starb er auf tragische Weise. „Rülf brach mitten in einem Trauergottesdienst zusammen und starb“, berichtet Nerenz. Der Rabbiner war in seiner Ansprache für einen im Krieg gefallenen Leutnant bis zur Mitte des Schlussgebets gekommen, als er plötzlich ohnmächtig zusammensackte. Ein anwesender Militärarzt versuchte mit einer Kampfereinspritzung noch sein Bestes – doch vergeblich. Der Betende war zum Gestorbenen geworden.

Ebenfalls bekannte Namen: Simon und Hermann Hamburger, die im Krieg gefallenen Söhne von Simon Hamburger. Letzterer hatte gemeinsam mit seinem Kompagnon Nathan Littauer die Firma Hamburger & Littauer aufgebaut – ein Textil-Großkaufhaus, das am Kohlmarkt Ecke Hutfiltern beheimatet war. Nachdem seine Söhne verstorben waren, war der Geschäftsmann gezwungen, seine Firma neu zu strukturieren. Er übertrug Verwandten das Hauptgeschäft und siedelte anschließend ins italienische Lugano über, wo er 1928 starb. Seine Frau Lina soll den Kummer über den Tod der beiden Söhne nie überwunden haben und verstarb bereits 1921.

Jüdische Soldaten hatte es bereits in den Kriegen des 19. Jahrhunderts gegeben. Doch dem Ersten Weltkrieg kam eine besondere Bedeutung zu: Angesichts des gewachsenen rassischen Antisemitismus sahen viele Juden in der Unterstützung des Kriegs eine Möglichkeit, ihren Patriotismus unter Beweis zu stellen und somit Anfeindungen und Vorurteilen entgegenzuwirken. Die Gedenktafel fertigte der 1934 verstorbene Maler und Bildhauer Philipp Erlanger an, der ebenfalls auf dem Jüdischen Friedhof bestattet ist. Neben der Gedenktafel für die gefallenen Braunschweiger Juden im Ersten Weltkrieg gibt es auf dem Gelände noch ein Holocaust-Mahnmal sowie eine Erinnerungstafel für jüdische Zwangsarbeiter.

Henning Thobaben

So geht's zur Friedhofsgedenktafel:

Der Jüdische Friedhof befindet sich an der Helmstedter Straße und grenzt an Hauptfriedhof und Stadtfriedhof. Die Gedenktafel befindet sich an der linken Seitenfassade der Kapelle.

Bärbel Mäkeler zeigt auf einen der vielen Eidenbenz-Löwen auf einem Fensterladen des Gewandhauses.

37

Eidenbenz-Löwe(n)

Wo man geht und steht

Die Begriffe Braunschweig und Braunschweiger Löwe werden oft in einem Atemzug genannt. Der Löwe ist das Sinnbild der Stadt und das schon seit Heinrich der Löwe das berühmte Denkmal auf dem Burgplatz errichten ließ. Das war in der zweiten Hälfte des 12. Jahrhunderts. Eine ganz schön lange Zeit also.

„Und", sagt die freie Autorin Bärbel Mäkeler mit einem Lächeln, „geht man durch die Stadt und schaut nicht nur geradeaus, sondern auch mal auf den Boden, so stellt man fest, dass man buchstäblich, wo man geht und steht auf einen ganz besonderen Braunschweiger Löwen trifft, um nicht zu sagen tritt. Nämlich den *Eidenbenz-Löwen*. Man steht förmlich drauf."

Eidenbenz … ein merkwürdiges Wort. Was hat es zu bedeuten? Die studierte Germanistin weiß dieses kleine Rätsel souverän zu lösen:

„Eidenbenz, mit vollem Namen Hermann Eidenbenz, wurde 1902 in Indien geboren. Vater Schweizer, Mutter Deutsche.“ Nächstes Rätsel. Was hat ein in Indien geborener Schweizer mit Braunschweig zu tun? Auch hier kennt Mäkeler die Antwort: Eidenbenz arbeitete als Grafiker und Typograf und kam 1953 nach Braunschweig an die Werkkunstschule, die spätere HBK, also die Hochschule für Bildenden Künste. Dort leitete er die Abteilung Gebrauchsgrafik und machte sich bald einen Namen. So entwarf er unter anderem Schriften, Plakate, Signets und Banknoten. Auch die 10-Pfennig-Briefmarke der Deutschen Bundespost von 1977 zum 100. Geburtstag des Braunschweiger Mathematikers Carl Friedrich Gauß (1777-1855) stammt von Eidenbenz. Schließlich beauftragte ihn auch die Stadt Braunschweig, ein Signet, also ein Logo für die Löwenstadt zu entwerfen.

Bärbel Mäkeler meint: „Viele stehen drauf.“

1954 gestaltete der Künstler besagtes Signet – und was konnte es anderes sein als der Braunschweiger Löwe. Natürlich in künstlerisch abgewandelter Form. Eidenbenz erhielt dafür von der Stadt ein Salär von 4.000 Mark. Im frühen Nachkriegsdeutschland sicherlich eine beachtliche Summe und die Stadt hatte nun eine Grafik, die seither auf sämtlichen städtischen Gebäuden, Einrichtungen und natürlich auch auf dem offiziellen Briefpapier und auf Urkunden bis vor ein paar Jahren prangte.

„Aber eben nicht nur dort!“, ergänzt die Wahl-Braunschweigerin. Es gibt Eidenbenz-Löwen an mehreren Orten in der Innenstadt. Und zwar in abgewandelter Form. Zum Beispiel auf den Fensterläden an der Nordseite des Gewandhauses am Altstadtmarkt. „Die Löwen dort sehen anders aus als der Eidenbenz-Löwe, aber sie sind in ihrer Formensprache als ein Werk desselben Künstlers zu erkennen“, weiß die Stadtführerin zu berichten.

Als das im Krieg schwer beschädigte Gewandhaus Anfang der 1950er-Jahre nach und nach wieder aufgebaut wurde, erhielt Eidenbenz hier den Auftrag, die Läden für die neu gestalteten Fenster auf der Nordseite, künstlerisch zu verzieren – was er tat, indem er auch diesmal den Braunschweiger Löwen abstrahiert darstellte und ihn auf die Läden drucken ließ. Übrigens: Auch der Schriftzug Gewandhaus, stammt von Eidenbenz. Er hat die Schrifttype extra dafür entworfen.

Und noch an anderer Stelle tritt man im wahrsten Sinne des Wortes auf den eidenbenzschen Löwen. Den meisten, die vielleicht sogar täglich durch die Fußgängerzone hasten, um von A nach B zu gelangen, spazieren tatsächlich über ihn hinweg, ohne ihn zu bemerken. Denn: Auf etwa 500 Kanaldeckeln der Braunschweiger Stadtentwässerung prangt ebenfalls das Signet der Stadt. „500 Stück gibt's in der ganzen Innenstadt verteilt. Ich hab's nachgezählt!", sagt Bärbel Mäkeler schließlich noch mit einem Schmunzeln.

Jörg Porsiel

So geht's zu den Eidenbenz-Löwen:

Die einen findet man problemlos auf eigentlich jedem Kanaldeckel in der Fußgängerzone. Die anderen auf den Fensterläden an der Nordseite des Gewandhauses.

Vogel

Überbleibsel aus dunkler Zeit

Hans-Martin Arnoldt, Archivar im Ruhestand, steht vor einem mannshohen schmiedeeisernen Tor an der Ebertallee, schräg gegenüber dem bekannten Restaurant Grüner Jäger. Im Zentrum der beiden geöffneten Torflügel ist jeweils in einem quadratischen Rahmen ein großer Vogel zu sehen, der auf dem Ast einer Eiche sitzt – dass es sich um eine Eiche handelt, ist leicht an Eichblatt und Eichel zu erkennen. Aber der Vogel könnte für weniger bewanderte Vogelkenner auch eine Taube sein. „Bis vor gar nicht so langer Zeit wusste ich selbst nicht, was ich da entdeckt hatte", sagt Arnoldt. „In einem Buch fand ich, dass das ein Reichsadler sein soll. Allerdings: Wie ein Adler sieht der Vogel ja nun weiß Gott nicht aus!", fügt er hinzu.

Der Grüne Jäger befindet sich in der Buchhorst, mitten im Naturschutzgebiet Riddagshausen, östlich der Innenstadt. Dort und in der weitläufigen Umgebung, also in Dorf und Klostergut Riddagshausen samt dazugehörigen Teichen, kennt sich der Hobbyornithologe Arnoldt bestens aus. „Seit vielen Jahren komme ich immer wieder hierher, um zu allen Jahreszeiten Vögel zu beobachten, aber dieses Tor habe ich in gewisser Hinsicht immer irgendwie übersehen", resümiert er. Fotos macht er jedes Mal – nicht nur von den zahlreichen Vogelarten, die es hier im Naturschutzgebiet zu beobachten gibt, sondern auch von den Gebäuden und sonstigen Baulichkeiten. Dazu gehört natürlich das Restaurant Grüner Jäger, das schon Generationen von Braunschweigern zu Familienfeiern und dergleichen aufgesucht haben. „Den Grünen Jäger gibt es schon seit ungefähr 1740", weiß der Braunschweiger zu berichten. „Hier machten im Laufe der letzten 280 Jahre auch zahlreiche Prominente halt." So zum Beispiel der französische Schriftsteller Marie-Henri Beyle, der während der kurzen napoleonischen Besetzung Braunschweigs zwischen 1806 und 1808 als Offizier der französischen Verwaltung in der Löwenstadt lebte. Seine Erinne-

Ornithologe Hans-Martin Arnoldt am Falkentor.

rungen an diese Zeit hielt er in seinem *Tagebuch in Braunschweig* fest. Besser bekannt ist Beyle allerdings unter seinem Pseudonym Stendhal. Ein weiterer bekannter Besucher war der in Braunschweig lebende Schriftsteller Wilhelm Raabe (1831-1910), der das Wirtshaus Ende des 19. Jahrhunderts regelmäßig mit den *Kleidersellern* besuchte. Die *Kleiderseller* sind eine heute noch bestehende gesellige Vereinigung.

Aber zurück zum Tor: Nach der Entdeckung des Vogels wieder zu Hause, begann Vogelkundler Arnoldt sofort mit der Literaturrecherche, weil er wissen wollte, welche Bewandtnis es denn nun mit diesem Reichsadler, der mitnichten aussieht wie ein Adler, auf sich habe. Zunächst fand er jedoch nur ihm hinlänglich Bekanntes: Schräg gegenüber vom Grünen Jäger entstand in der frühen Zeit des Nationalsozialismus der sogenannte *Reichsjägerhof Hermann Göring*. Ein großes Gelände mit mehreren Fachwerkbauten, von denen einige noch heute erhalten sind. Dahinter steckte die Absicht, Hermann Göring (1893–1946), einen der führenden Nazis, der neben seinen vielen politischen Ämtern auch Reichsjägermeister war, zu beeindrucken und zu hofieren; denn Dietrich Klagges (1891–1971), NSDAP-Ministerpräsident des Freistaates Braunschweig, und sein Finanz- und Justizminister sowie SS-Angehöriger Friedrich Alpers (1901–1944) erhofften sich, dadurch vor allem persönliche und politische Vorteile.

Ein Falke im schmiedeeisernen Tor.

Das Areal der eigens für dieses jagdliche Prestigeprojekt gegründeten Hermann-Göring-Stiftung umfasste neben den eigentlichen Gebäuden des Reichsjägerhofes circa 234 Hektar Wälder und Teiche des ehemaligen Klostergutes Riddagshausen, Wohn- und Wirtschaftsgebäude sowie ein Gehege für Damwild, einen Schießstand und eine Fasanerie. Aha, dachte sich der geschichtsinteressierte Pensionär, jetzt wird die Sache klarer. Er forschte weiter, nahm dabei auch alte Karten zur Hand und schließlich fand er die Lösung für das andersartige Aussehen des Vogels in dem Torflügel: Tatsächlich entstand Mitte der 1930er-Jahre hier auch der Reichsfalkenhof. Die Einweihung des Reichsjägerhofes fand am 5. Mai 1935 statt. Hier sollten unter anderem Staatsjagden abgehalten werden. Ende 1935 gelang es Alpers, von Göring die Erlaubnis für den Bau des Reichsfalkenhofes zu bekommen. Ende 1936 waren die Bauarbeiten abgeschlossen. Es wurden sogar zwei Falkner für Aufzucht und Hege der Greifvögel eingestellt. In den folgenden Jahren kamen Falknereiinteressierte aus dem ganzen Deutschen Reich nach Riddagshausen, wo ab 1938 Falknereitagungen und -lehrgänge stattfanden. Kurz vor Kriegsausbruch 1939 war der Reichsfalkenhof die zentrale Forschungs- und Ausbildungsstätte für Falknerei in Deutschland. Kriegsbedingt wurden jedoch sämtliche weiteren Aktivitäten eingestellt und die Einrichtung mehr oder weniger sich selbst überlassen.

Heute ist weder von der Fasanerie noch vom Falkenhof irgendein Bauwerk übrig. Die Natur hat wieder Besitz von dem Areal ergriffen und überall wachsen ungehindert Bäume und Sträucher. „Die Gebäude des Falkenhofes, ein großes Adlerhaus genanntes Blockhaus und die sogenannten Mauserkammern für die Greifvögel wurden bereits unmittelbar nach Kriegsende 1945/46 abgerissen", weiß Vogelkundler Arnoldt nach eingehender Recherche im Landesarchiv in Wolfenbüttel zu berichten. Letztes Relikt dieser Episode ist heute also nur noch das schmiedeeiserne Tor mit den beiden Falkendarstellungen.

Jörg Porsiel

So geht's zum Vogel:

Das Tor mit der Falkendarstellung befindet sich an der Ebertallee, schräg gegenüber vom Restaurant Grünen Jäger, direkt neben dem heute als Waldforum dienenden Fachwerkhaus mit modernem Anbau.

Wappen

Provokation aus dem 14. Jahrhundert?

Henning Steinführer, Direktor des Stadtarchivs Braunschweig, steht auf dem Altstadtmarkt, nahe der Martinikirche aus dem 12. Jahrhundert und blickt schräg nach oben zum Südgiebel des Altstadtrathauses. „Was sehen Sie da oben?", fragt er und beantwortet sich die Frage doch gleich selbst. „Das sieht aus wie ein Wappen." In der Tat: Auf der rechten Seite ein nach links blickender, auf seinen Hinterläufen stehender Löwe, gefolgt von zwei auf allen Vieren stehenden ebenfalls nach links gewendeten Löwen, die jeweils ihre rechte Pranke erhoben haben und den Betrachter ansehen. „Wobei diese vom Betrachter ausgehende Beschreibung heraldisch – also wappenkundlich – nicht korrekt ist", fügt der Archivar hinzu. „Die Heraldik beschreibt vom Wappen her. Korrekt wäre also von einem nach heraldisch rechts gewendeten steigenden Löwen und ebenfalls nach heraldisch rechts gewendeten Leoparden zu sprechen." Dieselbe Darstellung findet sich übrigens auch am Ostgiebel des Rathauses. Einziger Unterschied: Am Ostgiebel ist noch eine sogenannte Helmzier über dem Wappen angebracht. So weit, so gut, aber: „Da stimmt irgendetwas nicht", fügt der Archivar hinzu.

Steinführer fährt fort: „Das Merkwürdige an diesen beiden identischen Wappen ist, dass sie auf den ersten Blick wie das seit 1353 von den Welfen verwendete Wappen aussehen – aber eben nur auf den ersten Blick." Die Welfen, das Adelsgeschlecht, dessen Geschichte so eng mit der Stadt Heinrichs des Löwen verknüpft ist, verwendeten in ihrem Schild genau diese zwei braunschweigischen Leoparden, als Herrschaftssymbol sowie den Lüneburger Löwen – allerdings in umgekehrter Reihenfolge, wie sie an den Giebeln des Altstadtrathauses zu sehen sind. „Es gibt auch die Überlegung, dass das gar kein Wappen, sondern ein Schild ist, aber selbst dann stimmt etwas nicht ..."

Außerdem: „Wäre dies kein Wappen, sondern ein Schild, so müsste es eigentlich in der Mitte gespalten sein, also mittig eine

Henning Steinführer und das Wappen am Ostflügel.

erkennbare senkrechte Trennung zwischen Leoparden und Löwe aufweisen. Der Schild ist aber nicht gespalten!", konstatiert der Archivar. Wie also sind diese Darstellungen dann zu verstehen?

„Darüber wird schon lange spekuliert", weiß der Wahl-Braunschweiger zu berichten. Wäre es nämlich bloß eine Insignie der Welfen, so müssten die Leoparden vom Betrachter aus gesehen im linken Feld platziert sein, gefolgt vom Löwen im rechten. Dann wäre es sozusagen das korrekte Landeswappen des Herzogtums Braunschweig. Dass die Reihenfolge aber (eventuell absichtlich?) vertauscht wurde, interpretierte der Heraldiker Arnold Rabbow in den 1980er-Jahren als versteckten Hinweis der Welfen auf deren Sieg im Lüneburger Erbfolgekrieg in der Schlacht bei Winsen an der Aller am 22. Mai 1388. Dieser Interpretation widersprach einige Jahre später aber Michael Ohm, ohne allerdings eine eigene Erklärung für die Vertauschung der Tiere sowie für Art und Weise von deren Darstellung vorzulegen.

Das Wappen am Südgiebel.

Sowohl Rabbow als auch Ohm zogen allerdings in Erwägung, dass es sich bei der Löwendarstellung nicht um den Lüneburger Löwen handele, sondern um den Löwen der Stadt Braunschweig, dessen älteste Darstellung aus den 1330er-Jahren stammt und der bis heute das Stadtwappen ziert. „Denn", so fährt Steinführer fort, „die Ähnlichkeiten mit dem Stadtlöwen sind frappierend". Gemäß dem vom König Albrecht II. ausgestellten Wappenbrief der Stadt vom 15. Oktober 1438 sieht das Stadtwappen wie folgt aus: „Die Stadt führt als Wappen im silbernen Schilde einen steigenden links (heraldisch rechts) gewendeten roten Löwen mit weißen (heraldisch silbernen) Zähnen, roter Zunge und schwarzen Krallen und einem über den Rücken gestreckten Schwanz." Steinführer fährt fort: „Das herzogliche Wappen wiederum kennt die starke Betonung des Schwanzes nicht. Außerdem steht der Lüneburger Löwe auf einem mit Herzen besähten Feld. Dergleichen Herzen sucht man am Altstadtrathaus allerdings vergebens."

Hätten Rabbow und Ohm mit ihrer Annahme recht, so könnte man die Darstellung in dieser Form und an diesem Ort, nämlich einem Rathaus, dem städtischen Machtzentrum, als eine versteckte Provokation der Braunschweiger Ratsherren gegenüber den Welfen ansehen. Letztlich aber verwarfen beide diese Annahme, weil die welfischen Herzöge im Fall einer derartigen Provokation sicherlich umgehend darauf reagiert hätten.

Steinführers Fazit: „Das Rätsel um die beiden merkwürdigen Wappen oder Schilde bleibt also auch weiterhin ungelöst."

Jörg Porsiel

So geht's zum Wappen:

Das Altstadtrathaus steht an der Nordwestecke des Altstadtmarktes. Die beiden Wappendarstellungen befinden sich am Südgiebel, direkt gegenüber der Nordseite der Martinikirche, die andere Darstellung (mit Helmzier) am Ostgiebel, direkt gegenüber der Westseite des Stechinelli-Hauses.

Burggraben

Unsichtbare Oker

Die Stadt Braunschweig wurde ja sozusagen auf Wasser gebaut. Bis in das späte 19. Jahrhundert durchflossen zahlreiche Nebenarme der Oker den größten Teil der Braunschweiger Innenstadt. Das weiß heute eigentlich kaum noch jemand. „Die Leute glauben meistens, dass die Oker nur um die Stadt herumfließt. Das stimmt aber nicht", sagt Wahl-Braunschweiger Gerold Leppa, während er am letzten erhaltenen Stück des Burggrabens im Herzen der Stadt steht.

Die frühesten bisher bekannten Siedlungsspuren der Stadt reichen in die erste Hälfte des 9. Jahrhunderts zurück – also über 1.000 Jahre. Damals floss die Oker vielarmig durch eine auenartige Flussniederung und Sumpflandschaft und an diesem Ort errichteten.

In der ersten Hälfte des 11. Jahrhunderts entstand ein erster Vorgängerbau der heutigen Burg Dankwarderode. Unter Heinrich dem Löwen (um 1129-1195), im 12. Jahrhundert schließlich, wurde die Burg ausgebaut und der Welfen-Herzog ließ rund um die fünf Weichbilde eine Befestigungsanlage errichten, zu der auch die Okerumflut gehörte, die sie umschloss. Die Burg Dankwarderode bekam zudem einen eigenen Burggraben, der von der Oker gespeist wurde. Das war schon im Mittelalter so und galt bis in das 19. Jahrhundert hinein. Zahlreiche mehr oder weniger große und kleine Arme der Oker schlängelten sich also durch große Teile der historischen Weichbilde der Löwenstadt: Altstadt, Altewiek, Hagen, Neustadt und Sack. Um diese Arme alle überqueren zu können, gab es entsprechend viele steinerne, aber auch hölzerne Brücken und Stege. An sie erinnert zum Beispiel die Straße Hagenbrücke, die nordwestlich des Hagenmarktes den ehemaligen Marktplatz mit der Küchenstraße verbindet.

Eine Folge dieser vielen Flussarme und -ärmchen war jedoch, dass einige tiefer gelegene Wohnquartiere und Straßenzüge bei starkem Regen und vor allem bei Schneeschmelze im Frühjahr oft über-

Geroid Leppa am Burggraben, im Hintergrund der Rathausturm.

schwemmt wurden und längere Zeit unter Wasser standen. Noch heute kennen manche Bewohner der Innenstadt das Problem der feuchten Keller.

„Doch bereits im Mittelalter wusste man sich in Braunschweig zu helfen", fährt Leppa fort. „Es wurden Wege-, vor allem aber Wasserbauer aus den Niederlanden in die Stadt geholt, um im Niederungsgebiet der Oker das Weichbild Hagen anzulegen und den Verlauf der zahlreichen Okerarme so zu verändern, dass das Schmelzwasser aus dem nahen Harz zukünftig nicht mehr oder wenigstens seltener zu großflächigen Überschwemmungen führte." Innerstädtische Okerarme wurden zum Teil zugeschüttet, andere in Kanäle, Rohrleitungen und Gräben verlegt, die für einen besseren und schnelleren Abfluss bei Hochwasser sorgten. So führt zum Beispiel ein Okerarm vom Alten Bahnhof über Friedrich-Wilhelm-Straße, Münzstraße, Ruhfäutchenplatz, Hagenbrücke zum Geiershagen. Davon ist allerdings schon seit dem 19. Jahrhundert nichts mehr zu sehen, weil die Oker diese Strecke nur noch unterirdisch zurücklegt. Nicht wenige der nach Braunschweig geholten niederländischen Wasserbauexperten blieben schließlich in der Stadt. Die Friesenstraße in der östlichen Innenstadt, gleich hinter den Schloss-Arkaden, zeugt noch heute von den Friesen, die dort wohnten.

Gleichzeitig diente die Oker auch der Stadtverteidigung, denn sie wurde in den beiden Umflutgräben, dem westlichen und dem östlichen, um die Stadt herumgeleitet. So bildete sie eine natürliche Verstärkung der Stadtbefestigung Braunschweigs und einen zusätzlichen Schutz vor Feinden.

„Im Laufe der Jahrhunderte wurden immer wieder Maßnahmen ergriffen, den Verlauf der Oker durch die Innenstadt den aktuellen Gegebenheiten der Zeit anzupassen, sei es durch die Errichtung neuer oder die Verbesserung bestehender Brücken oder durch Verlegung beziehungsweise Überbrückung von Flussarmen", schildert Gerold Leppa den weiteren Verlauf. „Im 19. Jahrhundert schließlich wurde die Oker, nicht zuletzt auch aus gesundheitlichen und hygienischen Gründen, schließlich nach und nach unter die Erde verlegt. Bis zu dieser Zeit waren Abwässer ungeklärt eingeleitet worden, gleichzeitig wurde aber Wasser für den täglichen Bedarf, also zum Kochen und Trinken, entnommen und die Menschen badeten auch im Fluss. „Insgesamt also aus medizinischer Sicht ein unhaltbarer Zustand“, erzählt der Geschäftsführer des Braunschweiger Stadtmarketings. Zwischen 1871 und 1905 seien die meisten innerstädtischen Nebenarme entweder zugeschüttet oder verrohrt worden. Rund um die Burg Dankwarderode, die übrigens so, wie sie jetzt dasteht, erst Ende des 19. Jahrhunderts nach Plänen des Stadtbaurates Ludwig Winter (1843-1930) errichtet wurde, ist noch ein Stückchen Burggraben zu erkennen. Allerdings stammt auch er aus der Zeit um 1900 und ist seither trocken, denn die Oker verläuft hier seit etwa 1873 unterirdisch an ihm vorbei. Nur bei sehr starken Regenfällen füllt er sich für kurze Zeit.

„Aber“, fährt Leppa fort, „heute gibt es einmal im Jahr die Möglichkeit, auf Flößen den Burggraben zu erleben! Nämlich zum Braunschweiger Weihnachtsmarkt. Da werden im besagten Graben Flöße aufgebaut, auf denen man sich mit der Familie oder mit Freunden treffen kann, um Bratwurst, gebrannte Mandeln oder Glühwein zu probieren.“

Jörg Porsiel

So geht’s zum Burggraben:

Der Burggraben liegt unmittelbar östlich der Burg Dankwarderode am Ruhfäutchenplatz und gegenüber dem Neuen Rathaus.

41

Giebel

Ein mittelalterliches Patrizierhaus

Architekturhistoriker Elmar Arnhold steht auf einer kopfsteingepflasterten Straße in der Innenstadt und weist mit der Rechten schräg nach oben, wo merkwürdige, steinerne Vorsprünge am Giebel zum Haus der jüdischen Gemeinde zu sehen sind. Das weiß getünchte Steinhaus ist alt, das sieht man sofort. „Das Haus hatte vor dem Krieg ein reich verziertes Obergeschoss aus Fachwerk. Es wurde leider durch Bomben zerstört." Wie hoch das Haus vor der Zerstörung war, ist heute gut an den Giebelwänden zu den Nachbargebäuden zu erkennen: Ursprünglich schloss das Fachwerkobergeschoss nach Westen bündig mit dem Gemeindehaus ab. Seit aber das oberste Geschoss abbrannte, ist nun der Höhenunterschied an der Giebelwand zum Gemeindehaus deutlich sichtbar. „Die Vorsprünge an den Giebelseiten", fährt Arnhold fort, „waren ursprünglich Bestandteil einer Brandmauer und begrenzten das auskragende Fachwerk. Heute sind sie die einzigen Zeugen dieses jetzt fehlenden Geschosses. So sind sie nun gewissermaßen die Totenmaske des einstigen Fachwerks."

Das alte Haus Steinstraße 3, von dem der Wahl-Braunschweiger spricht, wirkt wie eingeklemmt. Eingeklemmt auf der einen Seite zwischen einem Parkhaus aus dem Jahr 1962 (und damit wohl das älteste der Stadt) und auf der anderen Seite dem Haus der jüdischen Gemeinde Braunschweig, das 1875 nach Plänen des Braunschweiger Architekten Constantin Uhde (1836-1905) erbaut wurde.

Auf den ersten Blick macht das Haus Steinstraße 3 einen unspektakulären Eindruck: zweigeschossig, Tür, Tor, Fenster, weißgestrichene Fassade, rote Dachziegel. Vor allem im direkten Vergleich mit Uhdes im byzantinischen Stil mit gelben Klinkersteinen errichteten Gemeindehaus fällt der gestalterische Unterschied sehr stark ins Auge.

„Aber", schwärmt der Architekturhistoriker, „Haus Nummer 3 hat es in sich. Lassen Sie sich nur nicht durch das heutige Aussehen

Die noch vorhandenen Vorsprünge am Giebel gehörten früher zu einer Brandmauer.

täuschen! Tatsächlich handelt es sich um den Überrest eines der ältesten erhaltenen Patrizierhäuser des historischen Braunschweiger Weichbildes Altstadt. Seine Bausubstanz ist sehr wahrscheinlich noch mittelalterlich und stammt möglicherweise aus dem 13. oder 14. Jahrhundert. Erst 1512 erhielt dieses stattliche Steinhaus ein zusätzliches Stockwerk mit reich verziertem Fachwerk, das wie erwähnt, im Zweiten Weltkrieg zerstört wurde. Die Steinstraße war im Spätmittelalter eine bevorzugte Wohngegend von Patriziern, die sich dort entsprechende Häuser bauen ließen."

Patrizier waren in der mittelalterlichen und frühneuzeitlichen Stadtgesellschaft vor allem politisch einflussreiche Personen. Als Kaufleute besaßen sie meist große Vermögen. In Braunschweig bestimmten sie bis zur Übergabe der Stadt an das Herzogshaus der Welfen im Jahr 1671 die Geschicke der Stadt. Die Patrizier konnten sich schönere, größere und bessere Häuser leisten, vor allem Häuser aus Stein – daher die Redewendung steinreich sein.

Toreinfahrt mit Bauhistoriker Elmar Arnhold.

„Ursprünglich war das Haus ein mittelalterlicher sogenannter Saalgeschossbau". Im Innenhof, den man auch heute durch das große Tor erreicht, befindet sich noch eine der wenigen erhaltenen Kemenaten aus dem 13. Jahrhundert und ein großer Bierkeller aus dem 16. Jahrhundert ist dort ebenfalls noch erhalten", weiß Arnhold zu berichten.

Der Bauhistoriker hat eine Theorie: „Ich vermute, dass hier ganz zu Anfang auf der rechten Seite des Grundstücks ein kleineres giebelständiges Haus vor der Kemenate im Hof errichtet wurde. Im Laufe der Jahre kam dann links davon eine Hauserweiterung mit Toreinfahrt zum Innenhof dazu." Heute allerdings sieht das Ganze wie ein Haus aus und es steht, wie der Fachmann sagt, seit dem Spätmittelalter traufständig zur Straße und nicht mehr giebelständig.

Das Haus wurde auch *Abt-Jerusalem-Haus* genannt, nach seinem berühmtesten Bewohner. Johann Friedrich Wilhelm Jerusalem (1709-1789) war ein protestantischer Theologe der Aufklärung. Weil er 1752 zum Abt des nahe Braunschweig gelegenen Klosters Riddagshausen berufen wurde, nannte man ihn allgemein Abt Jerusalem. Er wohnte lange Zeit in diesem Haus. Daran erinnert eine ziemlich verwitterte Steintafel, die – heute nur noch sehr schlecht lesbar – 1895 über einem Fenster zwischen dem Erdgeschoss und der ersten Etage angebracht wurde. Auf ihr steht: *In diesem Hause wohnte Abt J. F. W. Jerusalem von 1761 bis 1789* – also bis zu seinem Tode.

„Mit Abt Jerusalem ist eine bedrückende Geschichte verbunden", fährt Wahl-Braunschweiger Arnhold fort. „Jerusalem und seine Ehefrau Martha Christina, geb. Pfeiffer, verwitwete Albrecht, hatten fünf Kinder, darunter Karl Wilhelm Jerusalem (1747-1772), der es zu trauriger Berühmtheit brachte: Die unerwiderte Liebe zu einer verheirateten Frau brach ihm das Herz, woraufhin er sich mit einer Pistole das Leben nahm. Dieses tragische Ereignis hat Johann Wolfgang Goethe, der den jungen Jerusalem kannte, zu seinem 1774 erschienenen berühmten Roman *Die Leiden des jungen Werthers* inspiriert. In Goethes Werk nimmt sich der Titelheld ebenfalls aus Liebeskummer das Leben. Der tragische Roman wurde, wie man heute sagt, ein Bestseller und machte Goethe über Nacht berühmt."

Jörg Porsiel

So geht's zum Giebel:

Das Haus steht in der Steinstraße 3 – zwischen Parkhaus und jüdischem Gemeindehaus.

Michael Geschwinde vor dem Fundament des Westturms.

42

Mauerreste

Sagenhaft!

Das Stichwort ist hier 861! Dies ist nun wirklich etwas ganz Besonderes. Etwas Älteres als dies gibt es in Braunschweig nicht", sagt der Archäologe Michael Geschwinde, während er in einem nur spärlich erleuchteten Keller unweit des Altstadtmarktes steht und dabei auf ein paar Mauerreste und Fundamente blickt. „861 ist ja sozusagen eine magische Zahl in der Geschichte der Stadt Braunschweig", fährt er fort. „Das soll nämlich nach der Überlieferung des Braunschweiger Stadtschreibers Herman Bote das sagenumwobene Gründungsjahr der Stadt sein. Die Brüder Dankward und Brun sollen in jenem Jahr das gegründet haben, was heute Braunschweig ist. Herman Bote selbst schrieb das in seiner *Braunschweigischen Weltchronik* – und: Er will selbst den Stein in der Mauer der Jakobskirche gesehen haben, auf dem in arabischen – nicht römischen – Ziffern die Jahreszahl 861 stand. „Allerdings hat die

Sache einen Haken", wendet der Archäologe mit einem Augenzwinkern ein. „Bote schrieb seine Weltchronik um das Jahr 1500, also über 600 Jahre nach der sagenhaften Stadtgründung."

Seither wurde nun immer mal wieder nach diesem Stein mit der ominösen Jahreszahl gesucht, denn: Seitdem Bote (ca. 1450-ca. 1520) davon berichtete – wie gesagt, vor über 500 Jahren – hat niemand (mehr) diesen Stein gesehen. „Und das bringt uns nun an diesen Ort bzw. in diesen Keller", sagt Wahl-Braunschweiger Geschwinde.

Denn das ist das „ganz Besondere" an diesem Keller. Er enthält die Reste der Mauern und Fundamente der Jakobskirche. Und nach Bote soll sich in der Jakobskirche besagter Stein mit der magischen Zahl 861 befunden haben.

„Die Jakobskirche ist schon lange keine Kirche mehr", weiß der Archäologe zu berichten. „1794 wurde sie entwidmet, der Westturm damals abgerissen und das ehemalige Kirchenschiff anschließend in ein Lagerhaus umgebaut, damit Händler hier Getreide, aber auch Tuche für Gewänder lagern konnten. Weil das Gebäude nur wenige Meter vom großen Gewandhaus am Altstadtmarkt entfernt liegt, wurde es auch als *kleines Gewandhaus* bezeichnet."

Im Zweiten Weltkrieg schließlich wurde das Kleine Gewandhaus, wie ein großer Teil seiner unmittelbaren Umgebung, durch zahlreiche Bombenangriffe fast vollständig zerstört. Es brannte bis auf die Grundmauern nieder. Das war 1944. Knapp zehn Jahre später aber ergriffen zwei Archäologen die Chance, in den Trümmern der einstigen Kirche nach der sagenumwobenen Steintafel zu graben. Sie förderten allerhand zutage, darunter Mauerreste und Fundamente aus verschiedenen Jahrhunderten – aber leider nicht die Steintafel. 1974 folgte eine weitere Grabungskampagne. Auch sie erbrachte viele Funde, darunter einen sogenannten Löwenpfennig, der auf die Zeit zwischen 1378 und 1386 datiert werden konnte. Aber auch bei der zweiten Grabung stieß man nicht auf die sehnlichst gesuchte Steinplatte.

In den Folgejahren wurde die Jakobskirche oder Jakobskapelle, wie sie auch genannt wird, wieder instand gesetzt, denn die Außenmauern waren größtenteils noch erhalten. Sie ist heute Bestandteil des evangelischen Pfarramtes der nahe gelegenen Martinikirche. Im Keller des Hauses aber findet sich ein wahrer Schatz, nämlich die 1954 und

1974 Überreste des ältesten Kirchenbaus der Stadt Braunschweig. Auch wenn man die älteste Bauphase der ausgegrabenen Kirche heute eher in die 2. Hälfte des 11. Jahrhunderts datiert, bleibt sie eines der frühesten Zeugnisse für die Entstehung der Stadt. Für Archäologiefreunde besonders beeindruckend sind die insgesamt vier Bauphasen, die sich in den freigelegten Bauresten deutlich abzeichnen. Der sorgfältig gestaltete Keller unter dem Gemeindehaus ist ein archäologischer Schatz, den wirklich nur ganz wenige kennen.

„Zum Abschluss noch eine kleine Anekdote aus dem Jahre 1861", sagt Geschwinde schmunzelnd. „1861 feierte die Stadt Braunschweig drei Tage lang ihr 1000-jähriges Bestehen – eben wegen dieses Steins mit der Inschrift ‚861', den Herman Bote gesehen haben will. Aber", meint der Archäologe, „schon damals wussten die Bürger – oder ahnten es doch wenigstens – dass das nicht stimmen kann und eher Wunschdenken war."

Jörg Porsiel

So geht's zu den Mauerresten:

Mauer- und Fundamentreste können im Keller des evangelischen Pfarramtes der Martinikirche, Eiermarkt 3, besichtigt werden.

Karl-Heinz Löffelsend präsentiert: Haus mit tierischer Vergangenheit.

43

Zoogebäude

Ein Tierhändler und sein Reich

Das weiße Haus in der Leisewitzstraße fällt nicht weiter auf. Sicher, die umrahmten und geteilten Fenster setzen einen besonderen optischen Akzent. Doch ansonsten ist es ein Wohnhaus, dessen Stil sich in dieser Gegend häufiger wiederfindet. Früher wohnten im Krähenfeld bekannte Schriftsteller wie Joachim Heinrich Campe, Friedrich Gerstäcker und Wilhelm Raabe. Einen tierischen Bezug weist auch das besagte Gebäude auf, wie Karl-Heinz Löffelsend bekannt ist: Der Stadtteilheimatpfleger und Hobbystadtführer forschte in Archiven zu der Vergangenheit des Hauses und fand heraus, dass hier für einen kurzen Zeitraum Besucher in einem kleinen Tierpark ein- und ausgingen.

„Wer hineingehen wollte, musste rechts am Haus vorbei. Dort war ein Fenster zu einem Kassenfenster umgestaltet worden", erzählt Löffelsend. Damals, sagt er, sei das Gebäude noch markanter gewesen. Zu den Bauakten gehörende Zeichnungen aus dem Jahr 1872 zeigen zahlreiche Verzierungen an der Fassade sowie einen mittigen Turm mit Rundbögen. Letzterer wurde 1928 zurückgebaut. Heute ist nur noch der Turmschaft übrig geblieben.

Löffelsend hatte von dem früheren Zoo von einem Teilnehmer seiner Raabe-Themenführung erfahren. Erste Nachforschungen dazu verliefen zunächst ergebnislos. Doch dann bekam Löffelsend von einem Stadtführerkollegen ein Dokument, das ihn zur umfangreicheren Spurensuche motivierte: eine alte Postkarte mit dem Schriftzug *Gruss aus dem Zoologischen Garten Braunschweig*. Ein Teilbild zeigt das Haus in der Leisewitzstraße mit wehender Fahne auf dem Turm und Restaurant in einem Gebäudeteil. Das dort ebenfalls abgebildete Eisbärenpaar dürfte lediglich der Illustration der Karte gedient haben. Realitätsgetreu scheint stattdessen die Darstellung eines Teichs mit darüber führender Brücke und einem Felshügel mit Unterstand im Hintergrund.

Der Felshügel aus dem ehemaligen Zoologischen Garten Braunschweig.

Insbesondere die felsige Erhebung weckte Löffelsends Neugier. Er forschte im städtischen Bauarchiv und fand heraus: 1872 hatte sich ein Pensionär von Druckereibesitzer Julius Krampe ein schmuckes Wohnhaus gekauft, das besonders durch einen hohen Turm auffiel. Vier Jahre später ließ der neue Besitzer hinter seinem Haus den Garten umgestalten. Es entstanden ein Pavillon, ein Teich und als besonderer Clou ein Hügel, von dem der Pensionär sein gesamtes Gartenreich überblicken konnte. 1894 musste der Mann Haus und Grund krankheitsbedingt verkaufen. Der Tierhändler Constantin Bertrams aus Hannover erwarb das Anwesen. „Er wollte den nach

Deutschland importierten exotischen Tieren bis zum Weiterverkauf eine Bleibe bieten und sie gleichzeitig zur Schau stellen", erläutert Löffelsend. Der Zoo entstand.

Der Felshügel existiert heute noch, gehört mittlerweile zu einem Privatgrundstück in der Campestraße. Eine Einladung des Eigentümers zu einer Besichtigung unterstreicht das, was auf der alten Postkarte zu lesen ist: In der Grottenanlage konnten Besucher offenbar vor allem Tiere in Aquarien bestaunen. Durch einen Gang ist das gemauerte und mit Tuffstein verkleidete Konstrukt noch immer begehbar. Am Rande von Aushöhlungen an den Wänden sind ringsherum Überreste von dicken Glasscheiben zu entdecken. Auch den auf der Postkarte erwähnten Wasserfall konnten Zoobesucher offenbar durch eine Scheibe hindurch von hinten anschauen.

Weitere Details – etwa zu dort untergebrachten Tieren – lassen sich den Akten nicht entnehmen. Fakt ist aber auch: Das zwei Morgen große Tierparkgelände existierte nur fünf Jahre. Denn 1899 starb Bertrams. Das große Grundstück wurde geteilt und mitsamt Haus verkauft. So endete ein kleines Kapitel Braunschweiger Zoogeschichte, die übrigens noch mehr zu bieten hat als nur den Stöckheimer Zoo. Für die Zeit um Anfang der 1890er-Jahre ist ein Zoo auf dem Weißen Roß vor dem Petritor nachweisbar. Eine weitere Anlage wurde 1957 am Waggumer Weg am Rande des Querumer Holzes geschaffen, bestand aber nur bis 1966. Der um 1900 aufgetauchte Plan, einen Zoo am Nußberg anzulegen, wurde hingegen nie verwirklicht.

Henning Thobaben

So geht's zum Zoogebäude:

Das heutige Wohnhaus befindet sich in der Leisewitzstraße 4.

44

Skulptur

Namenloses Gedenken

„Hier am Dom kommen jeden Tag Hunderte, wenn nicht Tausende Menschen vorbei, ohne sie zu bemerken", sagt Matthias Hansmann bedauernd. *Sie*, das ist eine lebensgroße Statue aus Kalkstein, demselben Stein, aus dem im 12. Jahrhundert auch der Braunschweiger Dom erbaut wurde. Sie befindet sich auf der Südostseite ebenjenes Gotteshauses in fast zwei Metern Höhe auf einem steinernen Sockel, der extra für sie in die Mauer eingelassen wurde. Vor allem, wenn die umstehenden großen alten Platanen Laub tragen, versteckt sie sich fast. Hinzu kommt schließlich, dass bei Sonnenschein das Spiel von Licht und Schatten durch die vom Wind bewegten Blätter wie die perfekte Tarnung erscheint. „Die Figur verschmilzt dann geradezu mit dem Mauerwerk des Doms und wird dadurch fast unsichtbar für die zahlreichen vorbeihastenden Passanten", fügt Domexperte Hansmann hinzu. Wer nicht weiß, dass sie da ist, bemerkt sie unter Umständen gar nicht.

Sie ist eine schlanke junge Frau, die sich mit leicht zur Seite geneigtem Kopf vom Betrachter abwendet. Sie trägt ein bodenlanges, schlichtes Gewand mit Kapuze, eventuell ist es auch ein Umhang. Der von der Kapuze größtenteils verdeckte und geneigte Kopf wird vom angewinkelten linken Arm gestützt, der wiederum vom angewinkelten rechten Arm gehalten wird. Die kaum ausgeprägten Gesichtszüge der Frau scheinen leer, geradezu gedankenverloren. Ihre Augen sind halb geschlossen.

Unter der Statue gab es einmal eine Tafel mit dem Hinweis, dass Braunschweig in der Nacht vom 14. auf den 15. Oktober 1944, also in der Endphase des Zweiten Weltkriegs, seinen schwersten Bombenangriff erlebte. 90 Prozent der historischen Innenstadt wurden durch einen mehrtägigen Feuersturm unwiederbringlich zerstört, Hunderte, wenn nicht Tausende Menschen kamen in jener Nacht ums Leben. „Aber", sagt der geborene Braunschweiger, „kein Wort über die Statue.

Die lebensgroße Trauernde.

Weder wird auf den Künstler verwiesen, der sie geschaffen hat, noch erfährt man, wer die Frau ist oder ob sein Werk vielleicht einen Titel hat, wann es hier aufgestellt wurde oder warum gerade an dieser Stelle", sagt Hansmann mit einem Anklang von Verärgerung in der Stimme.

Matthias Hansmann, der in seiner Freizeit seit 17 Jahren Führungen inner- und außerhalb des Doms anbietet, weiß fachkundig zu erzählen weiß, dass die Statue nicht nur einen Titel hat, sondern dass sie eigentlich ganz woanders hätte aufgestellt werden sollen. Nicht zuletzt kennt der Chef der Domführer-Gilde auch den Künstler, der das Werk schuf. Er deutet rechts unten auf den Sockel, auf dem die Statue in luftiger Höhe steht. Dort ist deutlich eine Signatur erkennbar: *P.E.S.* Diese Signatur sieht man allerdings auch nur, wenn man mindestens zwei Meter groß ist und obendrein weiß, wo man danach suchen muss. Also *P.E.S.* – das hilft im ersten Moment auch nicht weiter, aber der geschichtsbegeisterte Domführer weiß, was es mit dem Kürzel auf sich hat: „Das sind die Initialen von Paul Egon Schiffers", schiebt er sofort erklärend nach. Schiffers (1903-1987) entstammt einer Künstlerfamilie aus Aachen. Er kam 1943 nach Braunschweig an die dortige Meisterschule des gestaltenden Handwerks, später Werkkunstschule, die heutige Hochschule für bildende Künste (HBK). Nach Kriegsteilnahme und Gefangenschaft kehrte er schließlich wieder nach Braunschweig zurück. In den 1960ern war Schiffers Professor an der HBK. 1987 starb er mit 83 Jahren in der Stadt Heinrichs des Löwen.

Man muss sich ganz schön strecken, um die Initialien weit oben zu entdecken.

Im schwer kriegszerstörten Braunschweig half Schiffers in den frühen 1950ern beim Wiederaufbau mit: So zum Beispiel bei der Rekonstruktion des schwer beschädigten Gewandhauses aus dem

13. Jahrhundert mit seiner Renaissance-Fassade. In dieser Zeit erhielt der Künstler von der Stadt auch den Auftrag, eine Skulptur zum Gedenken an die Opfer des Bombenangriffes vom 15. Oktober 1944 und die Zerstörungen zu schaffen. 1955, elf Jahre nach dem verheerenden Bombenangriff war das Werk fertiggestellt. Schiffers gab ihm den Titel *Die Trauernde*. Sie sollte symbolisch für all jene Mütter, Töchter, Ehefrauen und Schwestern stehen, die das Leid an der sogenannten Heimatfront zu ertragen hatten. Hier mussten sie, die auf sich allein gestellten Namenlosen, auf ihre Weise die Folgen des Kriegs – Zerstörung, Tod, Ohnmacht, Wut, Angst und Trauer – miterleben und bewältigen. „Schiffers Trauernde sollte eigentlich auf einer Stele auf dem Platz vor der Magnikirche aufgestellt werden", erläutert Hansmann. „Dazu kam es aber nicht. Stattdessen wurde die Skulptur – gegen den Willen des Künstlers – ohne Nennung ihres Titels und ihres Schöpfers am 30. September 1955 an dieser Stelle ganz dicht an die Dommauer gesetzt."

So klärt sich also doch noch das Geheimnis um die nur scheinbar namenlose Statue an der Südostseite des Doms: Es ist *Die Trauernde* von Paul Egon Schiffers. Und sie steht dort seit 1955.

Jörg Porsiel

So geht's zur Skulptur:

Die lebensgroße Statue befindet sich an der Südostecke des Doms in knapp zwei Metern Höhe.

Sonne, Stern & Co.

Der Himmel über dem Kohlmarkt

An einer bestimmten Stelle im Zentrum der Löwenstadt ist es tatsächlich möglich – zu jeder Tageszeit – gleichzeitig Sonne und Stern zu sehen. Wo das möglich ist? Auf dem Kohlmarkt, im Herzen der Stadt.

Der Kohlmarkt ist nicht nur ein geografisch, sondern vor allem ein historisch bedeutsamer Platz in der Löwenstadt. Geografisch bildet er einen zentralen Punkt der Stadtlandschaft und geschichtlich zeugen archäologische Funde, die bis ins 10. Jahrhundert zurückreichen, von seiner frühen Bedeutung für die Entwicklung Braunschweigs im Mittelalter.

Auch baugeschichtlich hat der Kohlmarkt viel zu bieten: So haben sich rund um den Markt eine Vielzahl interessanter Häuser aus verschiedenen Jahrhunderten erhalten. Nur leider nicht auf seiner Westseite, dort wurden die alten Gebäude während des Zweiten Weltkriegs zerstört.

Auf der Nord- und Ostseite hingegen fallen zwei Häuser auf, die große, sofort ins Auge fallende, Symbole an ihren Giebeln tragen. Da wäre zum einen das nach diesem Emblem benannte *Haus zur Sonne*, zum anderen das *Haus zum goldenen Stern*. Das *Haus zur Sonne* stammt aus dem späten 18. Jahrhundert, das *Haus zum goldenen Stern* wurde 1904 errichtet – aber schon das Vorgängergebäude trug diesen Namen.

Die Geschichte, die hinter dieser Fassadenzier steckt, führt weit zurück in eine Zeit, als die meisten Leute weder lesen noch schreiben konnten. In eine Zeit auch, in der nur wenige Straßen einen Namen hatten und in der Hausnummern gänzlich unbekannt waren.

Wenn es aber nun kaum Straßennamen und vor allem keine Hausnummern gab, wie wussten die Menschen dann, wohin sie gehen mussten? Wie konnte der Bäckergeselle seine Brote an den richtigen Käufer ausliefern? Wie konnte man zum Stellmacher oder zum Bött-

Eine künstliche Sonne strahlt hoch oben über dem Kohlmarkt.

cher gelangen, wenn es doch gar keine Adresse im heutigen Sinn gab? Wie erreichte denn der Botenjunge mit seiner Nachricht rechtzeitig den richtigen Empfänger?

Die Antwort ist überraschend einfach: Früher, das heißt im Mittelalter und in der frühen Neuzeit, trugen markante Häuser sogenannte Hausnamen. Diese konnten der Name des Erbauers oder des Eigentümers sein, meist aber eine Auffälligkeiten am Gebäude, sei es, dass das Haus an einer besonderen Stelle stand oder dass zum Beispiel an der Hausfassade etwas besonders Bemerkenswertes angebracht worden war. So hießen die Häuser zum Beispiel Haus zur Sonne oder Haus zur Rose und schon wusste die Dienstmagd, welchen Weg sie nehmen musste, um etwa zum Haus zum Stern zu gelangen oder ein Reisender wusste nun, wohin er sich wenden musste, wenn er im Haus zur Rose logieren wollte. In einer Zeit, in der die meisten Leute weder lesen noch schreiben konnten, halfen Hausnamen, sich in der Stadt zu orientieren. Und auch für Auswärtige, die vielleicht zu einer Messe oder zum Markttag nach Braunschweig gekommen waren, bedeuteten Hausnamen eine große Hilfe.

Unübersehbar: Das ist das „Haus zum goldenen Stern".

Ein Beispiel aus dem 18. Jahrhundert zeigt, wie die Hausnamen am Kohlmarkt verwendet wurden: Wenn Gotthold Ephraim Lessing (1729-1789), der berühmte Schriftsteller der Aufklärung, der in Wolfenbüttel seit 1770 als Bibliothekar Herzog Karls I. von Braunschweig-Wolfenbüttel (1713-1780) angestellt war, nach Braunschweig kam, logierte er häufig im Wirtshaus *Zur Rose* und später nebenan im *Haus zum goldenen Stern*. Am 6. Februar 1772 schrieb Lessing an seine Verlobte und spätere Ehefrau Eva König (1736-1778), sie solle „nicht in einem elenden Wirthshause, auch nicht in der ‚Rose', sondern in dem ‚Sterne'" ein Zimmer nehmen.

Übrigens: Nur wenige Meter entfernt von Rose, Stern und Sonne, befand sich in der Schuhstraße bis zu seiner Zerstörung im Zweiten Weltkrieg das Haus zum Mond. An seiner Fassadenfront prangte – wen wundert's jetzt noch – eine silberne Mondsichel. Sonne, Mond und Stern lagen also in unmittelbarer Nähe zueinander. An der Stelle des zerstörten Mondes steht heute ein unscheinbarer Bau aus den 1960ern.

Vor dem Krieg gab es in Braunschweig noch eine Vielzahl an Gebäuden mit Namen, die von längst vergangenen Zeit zeugten: So zum Beispiel das Bierbaumsche Haus (benannt nach der dort wohnenden Familie) in der Fallersleber Straße, das Mumme-Haus (nach der Braunschweiger Mumme, einem Starkbier) am Bäckerklint, der Vogel Strauß oder das Eulenspiegel-Haus und noch viele andere mehr. Heute noch erhalten sind unter anderem das *Haus Leuen-Turm* am Kohlmarkt, das *Achtermannsche Haus*, das *Einhorn-Haus* sowie das *Haus zu den 7 Türmen* und das *Stechinelli-Haus* am Altstadtmarkt. Vom *Weißen Roß* an der Kreuzung Celler Straße/Neustadtring ist nur noch der Name erhalten und der *Grüne Löwe* oder der *Wilde Mann* sind längst Geschichte.

Jörg Porsiel

So geht's zu Sonne, Stern & Co.:

Man braucht sich einfach nur mitten auf den Kohlmarkt zu stellen und nach Nordosten in Richtung Schuhstraße zu blicken, dann kann man sowohl das Haus zur Sonne als auch die Rose, den Goldenen Stern und das Haus Leuen-Turm sehen.

46

Fensterrahmen

Dornröschendasein am Straßenrand

Das ist eines der ältesten erhaltenen Gebäude Braunschweigs. Man muss sich das so vorstellen, dass diese kleine Kapelle Teil eines viel größeren mittelalterlichen Komplexes aus mehreren Gebäuden und landwirtschaftlichen Nutzflächen war", erklärt Architekturhistoriker Elmar Arnhold, während er vor der St.-Leonhard-Kapelle steht. „In ihrer Grundsubstanz geht St. Leonhard bis in das 12. Jahrhundert zurück. Das heißt, die Kapelle ist also rund 900 Jahre alt und entstand etwa zeitgleich mit dem auf Geheiß Heinrichs des Löwen errichteten Braunschweiger Dom", fährt der Wahl-Braunschweiger fort.

Das kleine Bauwerk, von dem Arnhold mit Begeisterung spricht, liegt südöstlich der Innenstadt, etwas zurückgesetzt nahe einer großen Kreuzung und dennoch fast idyllisch verborgen. Von außen sieht das Gebäude zunächst recht unscheinbar aus, doch bei genauerem Hinsehen sind zahlreiche Spuren seiner langen und wechselvollen Geschichte zu entdecken.

„Der Bau stammt aus der Zeit der Romanik. Damals baute man Dächer flacher. Das heutige Dach stammt aus dem 17. Jahrhundert, deshalb ist es so steil", erklärt Arnhold. Beim Rundgang um die Kapelle, die in einem kleinen Garten liegt, sind auf der Westseite drei Fensterrahmen deutlich sichtbar – zwei große mit Holz eingerahmt, ein kleinerer, quadratischer mit Steinen eingefasst. Alle drei Fenster sind allerdings heute zugemauert. „Die beiden mit den Holzrahmen stammen mit hoher Wahrscheinlichkeit aus dem 17. Jahrhundert. Das Fenster mit Steinrahmen dürfte aber wohl ein Original aus der Entstehungszeit der Kapelle sein. Durch dieses Fenster war es den Kranken, die im zur Kapelle gehörenden Spital gepflegt wurden, möglich, am Gottesdienst teilzunehmen", weiß Arnhold zu berichten.

Der Gebäudekomplex rund um die St.-Leonhard-Kapelle war eigentlich ein im Mittelalter noch weit vor den Toren der Stadt Hein-

Die Westseite der Kapelle mit zugemauerten Fenstern.

richs des Löwen errichtetes sogenanntes Siechenhaus, also ein Krankenhaus. Zum ersten Mal urkundlich erwähnt wurde es 1230 als Spital St. Leonhard, das vor dem Steintor, an der Straße nach Helmstedt und weiter nach Magdeburg lag. Die Siechen, die dort von Mönchen gepflegt wurden, waren hauptsächlich Leprakranke. Diese Krankheit war im Mittelalter nicht nur unheilbar, sie galt auch als Strafe Gottes. Aus diesem Grund durften Leprakranke die Stadt nicht betreten.

Die Fensterrahmen künden von vergangenen Zeiten.

Bei der Belagerung Braunschweigs 1615 durch Truppen des Welfenherzogs Friedrich Ulrich (1591-1634) wurde der Gebäudekomplex rund um die Kapelle verwüstet. Nur das kleine Bauwerk blieb erhalten.

Die Kapelle überstand die Jahrhunderte weitgehend unbeschadet, wenn auch nicht unverändert. Rund um das Gebäude gibt es zahlreiche Spuren alter Fensteröffnungen und Türen, die aus verschiedenen Jahrhunderten stammen, aber irgendwann zugemauert wurden. Die letzten Beschädigungen wurden durch alliierte Bombenangriffe während des Zweiten Weltkriegs verursacht, doch hatte dadurch lediglich das Dach gelitten, was schnell zu reparieren war. Diesem glücklichen Umstand ist es deshalb zu verdanken, dass St. Leonhard heute noch Einblick in eine längst vergangene Zeit geben kann. „Wesentliche Teile des Gebäudes sind im Original erhalten, stammen also aus dem 12. Jahrhundert", erklärt der Historiker. „Im Laufe der vielen Jahrhunderte wurde natürlich immer mal wieder etwas verändert oder manches musste repariert werden. Aber in seiner Grundsubstanz ist die Kapelle erhalten geblieben."

Die Reparaturen von damals sind großenteils noch heute erkennbar. So findet sich über einem Fenster auf der Südseite die lateinische Inschrift *16 · RENO · VATUM · ANO · 79*, das bedeutet: Renoviert im Jahre 1679 und ganz oben auf dem Dachreiter genannten Türmchen, das erst im 17. Jahrhundert auf das Dach gesetzt wurde, ist die Jahreszahl *1695* deutlich sichtbar. „Das verweist auf Arbeiten, die in der Zeit des Barock ausgeführt wurden", ordnet Arnhold die Jahreszahlen ein.

Der Innenraum der Kapelle ist eher nüchtern gehalten. Seit 1946 wird sie wieder für Gottesdienste genutzt. 2022 wurden Renovierungsarbeiten im Innenraum abgeschlossen, „dabei wurde auch im Original erhaltene Wand- und Deckenmalerei übermalt. Allerdings so, dass man diese Übermalung jederzeit wieder entfernen kann, ohne die alten Fresken zu beschädigen", erläutert der Historiker. „Da schlummert also noch was!", fügt Arnhold vielsagend hinzu. Nur am Gewölbebogen der Apsis zum Altarbereich ist das Abbild des Heiligen Leonhard sichtbar geblieben.

Fazit: Das Gebäude weist mittlerweile Spuren aus vielen Jahrhunderten auf – vom 12., also der Zeit der Romanik, über das 17., Renaissance und Barock, bis hin zum 21. Jahrhundert, aus dem der Altar und der Bereich um ihn herum stammen. „Die Holztreppe außen an der Westseite wurde übrigens erst 1955 angebracht", fügt Architekturhistoriker Arnhold abschließend noch hinzu.

Jörg Porsiel

So geht's zum Fensterrahmen:

Die Kapelle liegt etwas zurückgesetzt an der Leonhardstraße, zwischen der Stadthalle im Westen und der Johanniskirche im Osten.

Pastor Hempel hat sich mit der Geschichte der Familie Knapp beschäftigt. Hier steht er an ihrem Grab.

47

Grabstein

Erste First Lady mit Okerwasser getauft

Ein Spaziergang auf einem Friedhof ist nicht jedermanns Sache. Aber: Auf so einem alten und mit seinen großen Bäumen geradezu idyllisch anmutenden Friedhof wie dem des Braunschweiger Doms ist das schon etwas durchaus anderes; zumal, wenn der ehemalige Domprediger Joachim Hempel erzählt, wer hier bestattet und wer mit wem wie verwandt ist.

„Diesen Friedhof gibt es bereits seit über 300 Jahren. Nur Angehörige des herzoglichen braunschweigischen Hofes hatten das Anrecht, hier bestattet zu werden", erläutert der geborene Braunschweiger und präzisiert: Also hohe Beamte, Offiziere, Mitglieder des Hoftheaters, Gelehrte und andere Würdenträger – aber auch der Koch oder die Putzfrau. Aber Letztere wurden dann doch schon etwas abseits und bescheidener bestattet."

1904 wird hier Friedrich Ludwig Knapp (1814–1904) zu Grabe getragen. Knapp zählt zu den bedeutendsten Chemikern seiner Zeit und war Professor am hiesigen Collegium Carolinum, dem Vorläufer der heutigen Technischen Universität Braunschweig. Der Chemiker Knapp heiratet 1841 die Schwester des ebenfalls berühmten Chemikers Justus von Liebig. Was – oder besser wer – seinen Nachnamen aber bis heute berühmt macht, ist seine Enkelin, Elly Knapp (1881–1952), die später unter dem Namen Elly Heuss-Knapp zur ersten First Lady der jungen Bundesrepublik Deutschland avancieren wird.

Hempel bleibt an der schlichten Grabstätte der Familie Knapp stehen, bevor er fortfährt: „Elly Knapp wird 1881 in Straßburg im Elsass geboren, als dieses noch zu Deutschland gehörte. Eigentlich heißt sie Elisabeth Eleonora Anna Justine, wird aber immer nur Elly genannt. Georg Friedrich Knapp, ein Sohn des Braunschweiger Chemikers, war ihr Vater und die aus Georgien stammende Lidia von Korganow ihre Mutter." Elly ist die zweite Tochter. Kurz nach ihrer Geburt wird bei der Mutter eine psychische Erkrankung festgestellt, weshalb sie in ein Sanatorium gebracht wird. „Ellys Vater, Professor der Nationalökonomie an der Straßburger Kaiser-Wilhelms-Universität, kann sich nicht allein um zwei kleine Kinder und gleichzeitig seinen Beruf kümmern. Deshalb bringt er die gerade erst vier Monate alte Elly zu seinen Eltern, Friedrich Ludwig und Katharina Elisabeth Knapp nach Braunschweig, um sie von ihnen aufziehen zu lassen. Und Elly bleibt fast zwei Jahre lang hier."

Kaum ist das Kind in der Löwenstadt angekommen, wird es von Hof- und Domprediger Heinrich Thiele, Abt zu Riddagshausen, auch schon im Dom – also mit Okerwasser – getauft. „Wie alle waschechten Braunschweiger", merkt Hempel augenzwinkernd an. Die Großeltern bewohnen eine große, repräsentative Wohnung nur einen Steinwurf vom Dom entfernt, im Vieweg-Haus am Burgplatz, heute das Hauptgebäude des Braunschweigischen Landesmuseums. So verbringt Elly Knapp ihre ersten zwei Lebensjahre in der Stadt Heinrichs des Löwen. Dabei entwickelt sie eine innige Beziehung zu ihrem Großvater, den sie nach ihrer Rückkehr nach Straßburg bis zu seinem Tod 1904 noch oft besuchen kommt. Seine Frau, Ellys Großmutter, war bereits 1890 gestorben.

„Später veröffentlicht Elly Heuss-Knapp ihre Lebenserinnerungen in Buchform und erzählt darin unter anderem, dass sie eines Tages – und erst nach langem Zögern – in einer sozialdemokratischen Buchhandlung in Braunschweig das Buch *Die Kirche im Dienst des Unternehmertums* des in Braunschweig geborenen sozialdemokratischen Politikers Wilhelm Bracke gekauft habe", fährt Hempel fort. Bracke beschreibt darin die desaströsen Lebensumstände der Armen. Elly Knapp ist vom Inhalt des Buches zutiefst erschüttert. Die Lektüre erweckt ihr soziales Engagement. Ihr Leben lang setzt sie sich fortan für Bedürftige ein und gründet zum Beispiel 1950 das Müttergenesungswerk.

1908 heiratet Elly Knapp in Straßburg den Journalisten und späteren liberalen Politiker Theodor Heuss (1884–1963), der von 1949 bis 1959 der erste Präsident der Bundesrepublik sein wird. Elly Heuss-Knapp, wie sie fortan heißt, ist damit die erste First Lady Deutschlands. Das Paar wird in Straßburg von dem mit Elly Knapp befreundeten Albert Schweitzer (1875–1865) kirchlich getraut. Übrigens wurde Schweitzer 1952 der Friedensnobelpreis verliehen.

Als Ehefrau des Bundespräsidenten besucht sie die Stadt ihrer Großeltern Ende April 1951 noch einmal, ein Jahr vor ihrem Tod. Im Juli 1954 wird das Elly-Heuss-Kinderkrankenhaus in der Holwedestraße nach ihr benannt.
Hempels Fazit: „Alles ist irgendwie mit allem verbunden – wenn man genauer hinsieht."

Jörg Porsiel

So geht's zum Grabstein:

Der Domfriedhof liegt unmittelbar hinter der Stadthalle. Sein Eingang befindet sich in der Gerstäckerstraße. Der Grabstein von Elly Knapps Großvater Friedrich Ludwig Knapp ist leicht zu finden, man braucht nur dem Weg zu folgen. Er steht auf der rechten Seite nach der Wegbiegung.

Die Tafel über der Tür erinnert an einen großen Sohn der Stadt.

48

Spohr-Haus

Geburtshaus aus dem 14. Jahrhundert

Ludwig Spohr, der sich später selbst den französischen Vornamen Louis gab, wurde in diesem Fachwerkhaus in der Nähe der Aegidienkirche geboren. Historikerin Andrea Kienitz weiß: „Die Familie von Spohrs Großvater mütterlicherseits lebte hier seit 1733". Zwar weist eine Tafel über der Tür darauf hin, dass der große Komponist, nach dem sogar die Straße benannt wurde, in der das Haus steht, hier geboren wurde. Aber dennoch werde das Schild oft übersehen und die meisten Passanten brächten die Straße nicht mit dem Komponisten in Verbindung, hat Andrea Kienitz beobachtet.

Als Ludwig zwei Jahre alt war, zog die Familie nach Seesen, wo er zusammen mit seinen Geschwistern aufwuchs. Schon als Fünfjähriger erkannten seine Eltern seine musikalische Begabung und förderten den Sohn, der schließlich zu einem der bedeutendsten deutschen

Komponisten, Violinisten und Dirigenten des 19. Jahrhunderts wurde. Ludwig Spohr (1784–1859) war das älteste Kind des Arztes Karl Heinrich Spohr (1756–1843) und dessen Ehefrau Ernestine Luise, geb. Henke (1763–1840), Tochter des Pfarrers der Aegidienkirche. Nachdem seine musikalische Begabung schon früh gefördert worden war, stellte der braunschweigische Herzog Karl Wilhelm Ferdinand (1735–1806) den 15-jährigen Spohr als Kammermusiker an. Von da ab ging es mit dessen Musikerkarriere steil bergauf.

„1822 ging der junge Spohr nach Kassel, wo er Hofkapellmeister wurde, kehrte aber noch öfter in seine Geburtsstadt zurück", weiß die Historikerin zu erzählen. Apropos Geburtsstadt: Im Jahre 2001 durchgeführte dendrochronologische Untersuchungen des für den Bau des Geburtshauses verwendeten Holzes ergaben, dass die Kernstruktur des Gebäudes aus der Mitte des 14. Jahrhunderts stammt. Es ist damit eines der ältesten in Braunschweig erhaltenen Häuser. Im Erdgeschoss an der Süd- und Westseite kann man aber, eher unüblich für Fachwerkbauten, Mauern aus Bruchsteinen erkennen. Die Vermutung liegt nahe, dass hier Mauerreste des Aegidienklosters für den Bau des Hauses genutzt wurden.

In den Jahren 1518 und 1748 wurde der Gebäudekomplex verändert, zuerst gab es eine Verlängerung des Hauses nach Osten und später nach Westen Richtung Spohrplatz, wie er seit 1896 ihm zu Ehren heißt – vorher war es der Aegidien-Kirchhof. Da entsprechende Farbbefunde vorlagen, wurde 2002 beschlossen, den gesamten Gebäudekomplex terrakottafarben zu streichen.

Das Spohr-Haus hat die großflächigen Zerstörungen des Zweiten Weltkriegs im Gegensatz zum größten Teil der Bebauung in der unmittelbaren Nachbarschaft zwischen Aegidienfreiheit und Magniviertel weitgehend unbeschadet überstanden. Ursprünglich reihte sich hier ein Fachwerkhaus an das andere. Nicht zuletzt deshalb, weil der Straßenverlauf im Vergleich zu heute ein wesentlich anderer war. Dass Spohrs Geburtshaus im Zuge der überdimensionierten Verkehrsplanungen der Nachkriegszeit in Braunschweig zusammen mit vielen anderen kriegsbeschädigten, aber auch intakten Häusern in diesem Areal nicht gleich mit abgerissen wurde, dürfte wohl darauf zurückzuführen sein, dass dieser berühmte Braunschweiger Musiker darin geboren wurde. Seit 1971 beherbergte das Haus Spohrplatz 7 im Erdgeschoss die Spohr-Gedächtnisstätte, die aber mittlerweile aufgelöst wurde. Die Exponate befinden sich heute im Braunschweigischen Landesmuseum.

Auch nachdem er Braunschweig verlassen hatte, unterhielt Spohr weiterhin engen Kontakt zu seiner Heimatstadt. So lebten zwei seiner Brüder hier, von denen der jüngste, Kammerbaumeister Wilhelm Spohr eine musikalisch hochbegabte Tochter hatte, die von ihrem Onkel Louis Spohr gefördert wurde. Es handelte sich dabei um die Harfinistin Rosalie Spohr, spätere Gräfin Sauerma von Zülzendorf (1829–1919). Auch mit in Braunschweig lebenden Musikern stand Spohr in engem Kontakt. So gab er zum Beispiel mehrere Konzerte in der Stadt und war unter anderem eng mit dem lange Zeit in Braunschweig tätigen Hofkapellmeister, Komponisten und Sänger Albert Methfessel (1785–1869) befreundet (siehe Seite 48).

„1844 wurde anlässlich Spohrs 60. Geburtstag in Braunschweig ein Musikfest veranstaltet. Spohr selbst dirigierte dabei eine seiner neuesten Kompositionen. Ein letztes Mal besuchte Spohr seine Heimatstadt 1856, um am Gesangsfest der *Norddeutschen Liedertafeln* teilzunehmen, auf dem er nicht nur selbst dirigierte, sondern auch zum Generalgesangmeister ernannt wurde."

„In Erinnerung an den bedeutenden Braunschweiger Musiker verleiht die Stadt Braunschweig seit 1953 den Louis-Spohr-Musikpreis an zeitgenössische Komponisten", fügt Andrea Kienitz abschließend noch hinzu.

Jörg Porsiel

So geht's zum Spohr-Haus:

Die Adresse des Geburtshauses des Musikers ist Spohrplatz 7. Das Fachwerkhaus befindet sich an der Ecke Mönchstraße/Spohrplatz.

Inka Schlaak vor dem ehemaligen Zollhaus.

49

Zollhaus

Ein Gebäude zieht um

Der Altstadtmarkt mit seinem Brunnen von 1408, dem Gewandhaus aus der zweiten Hälfte des 13. Jahrhunderts, der Martinikirche vom Ende des 12. Jahrhunderts und dem Altstadtrathaus, das wohl bereits in der ersten Hälfte des 13. Jahrhunderts entstand, wird oft als die gute Stube der Stadt Braunschweig bezeichnet.

Mitten auf dem Altstadtmarkt steht die mit Okerwasser getaufte Inka Schlaak und blickt dabei auf die (heute fast) kahle Nordfassade des Gewandhauses. Wie beiläufig stellt sie dabei fest: „Hier stand bis zur Zerstörung durch die Bombenangriffe im Zweiten Weltkrieg tatsächlich eine ganze Reihe von Fachwerkhäusern aus dem 15. Jahrhundert. Die waren alle direkt an die Außenmauer des Gewandhauses angebaut. Die steinerne Nordwand des Gewandhauses war also im Gegensatz zu heute überhaupt nicht sichtbar." Heute steht dort ein imposantes mehrstöckiges Fachwerkhaus in der westlichen Ecke.

„Tatsächlich stand dieses Gebäude vor ein paar Jahrzehnten noch gar nicht an dieser Stelle, sondern es befand sich fünf Kilometer weiter südlich im Dorf Rüningen." Und wer sollte das besser wissen als die Stadtteilhistorikerin von Rüningen, Inka Schlaak. „Bei diesem Haus handelt es sich nämlich um das alte Rüninger Zollhaus. Es wurde 1643 in besagtem Dorf, gleich neben dem dortigen Landwehrturm errichtet, um von reisenden Händlern und Handwerkern, die auf dem Weg nach Braunschweig waren, Zoll zu erheben." Um 1800 war das Gebäude eine wichtige Zollstelle der Stadt Braunschweig. „Aber auch von der normalen Bevölkerung wurde dort das sogenannte Chausseegeld erhoben. Heute würde man Maut dazu sagen", fährt die Stadtkennerin fort. Diesen Betrag mussten die Passanten entrichten, wenn sie zum Beispiel mit ihren Fuhrwerken die hier zusammentreffenden Straßen nutzten. Irgendwoher musste ja schließlich das Geld für Reparaturen und die Instandhaltung der Wege herkommen. In Rüningen trafen damals gleich mehrere wichtige Verkehrsverbindungen aufeinander: die alte Reichsstraße nach bzw. von Frankfurt am Main, die alte Dörferstraße und die Heerstraße. „Ein lukrativer Standort also nicht nur für ein Zollhaus, sondern natürlich auch für eine Gastwirtschaft, für all die durstigen und hungrigen Reisenden aus nah und fern", bemerkt Inka Schlaak. Die ebenfalls im Zollhaus mit untergebrachte Gastwirtschaft florierte offensichtlich, denn, so sagt die Lokalhistorikerin mit einem Schmunzeln, „der Bierverbrauch im Rüninger Zollhaus war höher als der in allen anderen Zollhäusern rund um Braunschweig."

1841 kam dann aber das Ende für das Zollhaus, denn das Herzogtum Braunschweig war in jenem Jahr dem Deutschen Zollverein beigetreten und so brauchte man keine Zollhäuser mehr. Die so frei gewordenen Räumlichkeiten nutzte umgehend die Gastwirtschaft zu ihrer Vergrößerung. Die Wirtschaft hatte man, nachdem der alte Landwehrturm 1724 abgerissen worden war, kurzerhand Rüninger Turm getauft.

Im Laufe der folgenden Jahrzehnte wurde an dem Haus wohl nur noch das Nötigste repariert. Kurz nach Ende des Zweiten Weltkriegs war das Gebäude jedenfalls ziemlich vernachlässigt, geradezu baufällig. Im Zuge des Wiederaufbaus und der Neugestaltung von Verkehrswegen erhielt die alte Reichsstraße, die durch Rüningen verlief und damals noch Frankfurter Straße hieß, den Namen Thiedestraße. Gleichzeitig wurde die Straße verbreitert – wobei das alte Zollhaus im wahrsten Sinn des Wortes im Weg stand. So kam es zu dem Beschluss, das über 300 Jahre alte Fachwerkhaus zu retten, indem man es Stein für Stein und Balken für Balken behutsam abbaute, die Einzelteile zum Altstadtmarkt transportierte und es dort als Ersatz für die zerstörten Fachwerkhäuser aus dem 15. Jahrhundert an der Nordwestseite des Gewandhauses wieder aufbaute.

Das alte Zollhaus musste allerdings baulich „angepasst" werden. Wegen des Größenunterschiedes zum Gewandhaus erhielt das Fachwerkhaus ein neues Erdgeschoss aus Stein. Auch wurde der Eingang, der sich früher auf der Traufseite befand, nun auf die westliche Giebelseite versetzt. Insgesamt wurde das Rüninger Zollhaus komplett restauriert, hinzu kamen zahlreiche farblich hervorgehobene Fachwerkverzierungen, so wie es ursprünglich der Fall gewesen war. Zur Erinnerung erhielt die Westseite zudem eine Gedenktafel. „Heute ist das wieder ein richtig schmuckes Haus, das ehemalige Zollhaus aus Rüningen – und ein Gasthaus dazu", freut sich Inka Schlaak.

Jörg Porsiel

So geht's zum Zollhaus:

Das ehemalige Rüninger Zollhaus steht an der Südwestecke des Altstadtmarktes, am Durchgang zum Eiermarkt und direkt gegenüber der Martinikirche.

Das Olfermann-Denkmal auf dem Nußberg.

50

Olfermann-Denkmal

Braunschweiger gegen Napoleon

D*em Führer in der Schlacht bei Waterloo seine Gemeinde* steht recht unvermittelt in großen Lettern auf einer 7,5 Meter hohen Steinsäule oben auf dem Nußberg. Bei der Steinsäule handelt es sich um ein ziemlich altes Denkmal im Prinzenpark. Der aus heutiger Sicht ungelenk oder doch wenigstens merkwürdig klingende Satz wirft bei vielen, die ihn heute lesen, sicherlich die eine oder andere Frage auf. Aber dazu später.

Die hohe steinerne Säule steht auf einem pyramidenförmigen abgeflachten Sockel, etwas abseits und deshalb ein bisschen verloren. Durch ihre Höhe ist sie eigentlich deutlich sichtbar – und trotzdem: Bei einem sonntäglichen Spaziergang im Prinzenpark sind wohl viele schon an ihr vorbei gegangen, ohne sie so richtig wahrgenommen zu haben. Andere Passanten dürften sich gefragt haben, was es wohl mit diesem merkwürdigen Satz auf sich hat. Eine zweite Inschrift auf der

Rückseite der Säule gibt weitere Informationen. Sie lautet: *Elias Olfermann, geboren am 2ten September 1776, gestorben am 18ten October 1822.*

Aha, es scheint also, als sei diese Säule einem gewissen Elias Olfermann gewidmet. Besonders alt ist er ja nicht geworden. Die Lebensdaten zeigen, dass Olfermann vergleichsweise jung gestorben ist, nämlich im Alter von nur 46 Jahren – das war, selbst zu Beginn des 19. Jahrhunderts, eher jung. Er muss aber einen deutlichen Eindruck bei den Braunschweigern hinterlassen haben, dass sie ihm dieses Denkmal errichteten sowie, allerdings erst 1880, obendrein eine unweit gelegene Straße und einen Platz nach ihm benannten.

Das Olfermann-Denkmal ehrt einen in Braunschweig geborenen Offizier.

Tatsächlich wurde Johann Elias Olfermann, so sein vollständiger Name, in Braunschweig geboren. Er wuchs in bescheidenen Verhältnissen auf. Mit 18 Jahren verließ er seine Heimatstadt und ging nach England, trat dort in die Armee ein, stieg schnell zum Offizier auf und nahm an mehreren Feldzügen gegen Napoleon Bonaparte teil, unter anderem in Ägypten und Spanien. 1813 traf er schließlich in London auf den braunschweigischen Herzog Friedrich Wilhelm. Auch dieser kämpfte seit Langem schon gegen Napoleon und war Oberkommandierender einer Truppe, die wegen ihrer schwarzen Uniformen in ganz Deutschland *Schwarze Schar* genannt wurde und sogar in Großbritannien als *Black Brunswickers* berühmt war. Herzog Friedrich Wilhelm wurde im Volksmund der *Schwarze Herzog* genannt.

Olfermann schloss sich, wie viele andere Freiheitskämpfer, der Schwarzen Schar an und kämpfte mit ihr am 16. Juni 1815 in Belgien in der Schlacht bei Quatre-Bras. In dieser Schlacht fiel der Schwarze Herzog und Olfermann übernahm noch auf dem Schlachtfeld das Kommando vom sterbenden Herzog und führte die braunschweigischen Einheiten zwei Tage später in der Schlacht bei Waterloo an, in der er verwundet wurde. Auf dem Schlachtfeld von Waterloo stand den Truppen Napoleons eine Allianz unter anderem aus Großbritannien, dem Königreich Hannover und dem Herzogtum Braunschweig gegenüber.

Wie bekannt, wurden Napoleon und seine Armee bei Waterloo vernichtend und endgültig geschlagen und zahlreiche Braunschweiger hatten Anteil daran. Die siegreichen braunschweigischen Truppen kehrten bald darauf in die Heimat zurück. Unter ihnen befand sich auch Elias Olfermann, der anschließend in das Städtchen Blankenburg am Harz zog, wo er aber nur wenige Jahre später unter mysteriösen Umständen starb und auch begraben wurde.

In Braunschweig jedoch waren Olfermanns Taten von Quatre-Bras und Waterloo unvergessen. Und so errichtete ihm seine Gemeinde, also seine Anhänger, Bewunderer und auch ehemalige Kampfgefährten am 18. Oktober 1832, Olfermanns 10. Todestag, dieses Denkmal. Seit nunmehr bald 200 Jahren steht es also auf dem Nußberg und erinnert an Elias Olfermann, den Anführer der braunschweigischen Truppen in der Schlacht von Waterloo.

Jörg Porsiel

So geht's zum Olfermann-Denkmal:

Es steht ganz oben auf dem Nußberg und ist deshalb kaum zu übersehen.

Quellen, Literatur, Bildnachweis

Armenat, Gabriele: Frauen aus Braunschweig. Braunschweig 1991, S. 16-18.

Bauer, Fritz: „Bodo Kampmanns ‚Justitia'". In: Braunschweig. Berichte aus dem kulturellen Leben. Nr. 1/1957, Braunschweig 1957.

Bein, Reinhard: Zeitzeugen aus Stein. Band 1. Braunschweig 1930–1945. Braunschweig 1997.

Bein, Reinhard; Vogel, Bernhardine: Nachkriegszeit. Das Braunschweiger Land 1945 bis 1950. Materialien zur Landesgeschichte. Braunschweig 1995, S. 273.

Berg, Britta: „Eulenspiegelbrunnen". In: Luitgard Camerer, Manfred Garzmann, Wolf-Dieter Schuegraf (Hrsg.): Braunschweiger Stadtlexikon. Braunschweig 1992, S. 68.

Biedermann, Edwin A.: Logen, Clubs und Bruderschaften. 2. Aufl. Düsseldorf 2007.

Biegel, Gerd; Klein, A. (Hrsg.): Carl Theodor Ottmer. 1800–1843. Braunschweigischer Hofbaumeister – Europäischer Architekt. Ausstellungskatalog des Braunschweigischen Landesmuseums aus Anlass des 200. Todestages von Carl Theodor Ottmer. Braunschweig 2000.

Blasius, Rudolf (Hrsg.): „Braunschweigische Straßenbahn". In: Braunschweig im Jahre MDCCCXCVII. Festschrift den Theilnehmern an der LXIX Versammlung Deutscher Naturforscher und Aerzte. Braunschweig 1897, (Digitalisat), S. 589.
Böttcher, Dirk; Mlynek, Klaus; Röhrbein, Waldemar R. und Thielen, Hugo (Bearb.): „Stechinelli". In: Hannoversches biographisches Lexikon. Von den Anfängen bis in die Gegenwart. Hannover 2002, S. 345.

Boockmann, Andrea: Burgplatz 2a. DI 35, Stadt Braunschweig I, Nr. 409†. In: http://www.inschriften.net/braunschweig-bis-1528/inschrift/nr/di035-0409.html#content. Abgerufen am 19.05.2017.

Boockmann, Andrea: Inschriften im Braunschweiger Dom. URL: http://www.inschriften.net/braunschweig-bis-1528/inschrift/nr/di035-0024.html#content. Abgerufen am 12.04.2017.

Bornstedt, Wilhelm: Chronik von Stöckheim. Siedlungsgeographie, Sozial- und Kulturgeschichte eines Braun-schweigischen Dorfes. Braunschweig 1967.

Braunschweig.de: „Auseinandersetzungen Landesherren". URL: http://www.braunschweig.de/leben/stadtportraet/geschichte/auseinandersetzungen_landesherren.html. Abgerufen am 11.04.2017.

Braunschweig.de: „Bürgerpark". URL: https://www.braunschweig.de/leben/im_gruenen/gruenanlagen/Buergerp.html. Abgerufen am 11.04.2017.

Braunschweig.de: „Haus Entenfang. Geschichte". URL: http://www.braunschweig.de/leben/umwelt_naturschutz/natur/natur_landschaft_schutz/haus_entenfang/haus_entenfang_geschichte.html. Abgerufen am 27.12.2016.

Braunschweig.de: „Gründungssage". URL: https://m.braunschweig.de/leben/stadtportraet/geschichte/gruendungssage.html. Abgerufen am 11.04.2017.

Braunschweig.de: „Haus zu den sieben Türmen". URL: https://www.braunschweig.de/tourismus/ueber-braunschweig/sehenswuerdigkeiten/_hauszudensiebentuermen.html. Abgerufen am 11.04.2017.

Braunschweig.de: „Kohlmarkt". URL: https://www.braunschweig.de/tourismus/ueber-braunschweig/sehenswuerdigkeiten/_kohlmarkt.html. Abgerufen am 11.04.2017.

Braunschweig.de: „Novemberrevolution". URL: http://www.braunschweig.de/leben/stadtportraet/geschichte/novemberrevolution.html. Abgerufen am 27.01.2017.

Braunschweig.de: „Portikus". URL: https://www.braunschweig.de/tourismus/ueber-braunschweig/sehenswuerdigkeiten/blik/kulturdenkmaeler/portikus.html. Abgerufen am 11.04.2017.

Braunschweig.de: „Reformation". URL: http://www.braunschweig.de/leben/stadtportraet/geschichte/reformation.html. Abgerufen am 12.04.2017.

Braunschweig.de: „St. Ulrici-Brüdernkirche". URL: http://www.braunschweig.de/tourismus/ueber-braunschweig/sehenswuerdigkeiten/_st_ulrici-bruedernkirche.html. Abgerufen am 11.04.2017.

Braunschweiger Dom: „Kunst – Wandmalereien". URL: http://www.braunschweigerdom.de/dom/layout_storage/ueberdom_kunst.php. Abgerufen am 12.04.2017.

Braunschweig-Touren: „Till Eulenspiegel". URL: http://www.braunschweig-touren.de/Seiten/Till_Eulenspiegel.htm. Abgerufen am 23.04.2017.

Braunschweiger Zeitung (Hrsg.): Die Bomben-Nacht. Der Luftkrieg vor 60 Jahren. Spezial-Heft Nr. 10, Braunschweig 2004.

Braunschweiger Zeitung: Kriegsende. Braunschweig 2005.

Camerer, Luitgard: „Graff Buchhandlung und Antiquariat". In: Braunschweiger Stadtlexikon. Braunschweig 1992, S. 91.

Cantor, Moritz: „Gauß, Karl Friedrich". In: Allgemeine Deutsche Biographie (ADB). Band 8, Leipzig 1878, S. 430-445.

Chemnitz, Martin. URL: http://www.martin-chemnitz-bs.de/index.php/martin-chemnitz.

Abgerufen am 19.12.2016.

Diestelmann, Dieter: Braunschweig. Kleine Stadtgeschichte. Regensburg 2014.

Dorn, Reinhard: Mittelalterliche Kirchen in Braunschweig. Hameln 1978.

Dürre, Hermann: Geschichte der Stadt Braunschweig im Mittelalter. Braunschweig 1861 (Digitalisat).

Ernst, Wolfgang: „Überlebensorte – Bunker in Braunschweig. Von der Planung bis zur Gegenwart". In: Braunschweiger Werkstücke. Band 108. Braunschweig 2006.

Feuerstein-Praßer, Karin: Caroline von Braunschweig. Englands ungekrönte Königin. Regensburg 2009.

Garzmann, Manfred: „Brabandt, Henning". In: Camerer, Luitgard; Garzmann, Manfred; Schuegraf, Wolf-Dieter (Hrsg.): Braunschweiger Stadtlexikon. Braunschweig 1992, S. 38.

Gebrüder Grimm: Heinrich der Löwe. URL: http://gutenberg.spiegel.de/buch/br-753/272. Abgerufen am: 02.05.2017.

Giesau, Peter: „St. Michaelis". In: Braunschweiger Stadtlexikon. Braunschweig 1992, S. 158.

Görges, Friedrich: Der von Heinrich dem Löwen Herzoge von Sachsen und Baiern, erbauete Sanct Blasius Dom zu Braunschweig und seine Merkwürdigkeiten, und die Erbbegräbnisse der Fürsten des Hauses Braunschweig-Lüneburg zu Braunschweig und Wolfenbüttel. Braunschweig 1820.

Görges, Wilhelm; Spehr, Ferdinand: Vaterländische Geschichten und Denkwürdigkeiten der Vorzeit der Lande Braunschweig und Hannover o.J., S. 471-474.

Görges, Wilhelm: Vaterländische Geschichten und Denkwürdigkeiten der Vorzeit, mit vielen Abbildungen von Städten, Flecken, Dörfern, Burgen, Schlössern, Klöstern, Kirchen, Alterthümern u. der Lande Braunschweig und Hannover, größtentheils, wie dieselben vor 200 Jahren sich darstellten, nebst Portraits und andern nöthig erachteten Veranschaulichungen. Braunschweig 1843.

Götz, Karla: „Braunschweiger Buchhändler schrieb vor 100 Jahren Naturlehre". In: Braunschweiger Zeitung vom 17. Juli 1996.

Gosebruch, Martin (Hrsg.): Der Braunschweiger Löwe. Bericht über ein wissenschaftliches Symposion in Braunschweig vom 12.10. bis 15. Oktober 1983. Schriftenreihe der Kommission für Niedersächsische Bau- und Kunstgeschichte bei der Braunschweigischen Wissenschaftlichen Gesellschaft. Göttingen 1985.

Gosebruch, Martin; Jordan, K.: 800 Jahre Braunschweiger Burglöwe. 1166-1966. Braunschweiger Werkstücke. Bd. 38. Braunschweiger Werkstücke. Reihe A: Veröffentlichungen aus dem Stadtarchiv und der Stadtbibliothek. Bd. 1. Braunschweig 1967.

Grußendorf, Heinrich: „Von Kasernen in Braunschweig". In: Jahrbuch des Braunschweiger Landwehrverbandes. Jahrgang 9, Braunschweig 1932, OCLC 833359183, S. 43-47.

Hammelmann, Iris: 111 Mal Wissen: Geheimbünde. München 2010, S. 60.

Haucap-Naß, Anette: „Der Braunschweiger Stadtschreiber Gerwin von Hameln und seine Bibliothek". In: Wolfenbütteler Mittelalter-Studien. Herausgegeben von der Herzog August Bibliothek, Band 8. Wiesbaden 1995, S. 297 f.

Hesse, Anja: Vernetztes Gedächtnis: Topografie der nationalsozialistischen Herrschaft in Braunschweig 1930 bis 1945. Braunschweig 2003.

Herodot: Historien. Stuttgart 1971, S. 304, 509.

Hodemacher, Jürgen: Braunschweigs Straßen – ihre Namen und ihre Geschichten, Band 1: Innenstadt. Cremlingen 1995, S. 76 f.

Höltge, Dieter: Die Braunschweiger Straßenbahn. Personen-Nahverkehr in Braunschweig. München 1997.

Holzhausen, Joachim: „Die Schulgebäude und ihre Standorte". In: Schulbilder aus Braunschweig. 575 Jahre Martino-Katharineum. 1415-1990. Kollegium des Gymnasiums Martino-Katharineum (Hrsg). Braunschweig 1990, S. 10-19.

Illustrirte Zeitung: Das herzogliche Residenzschloß zu Braunschweig. Nr. 29, 13. Januar 1844, Leipzig 1844, S. 43–44 (Digitalisat).

Imperium Romanum.com: „Theodosius II.". URL: http://imperiumromanum.com/personen/kaiser/theodosius2_04.htm. Abgerufen am 11.04.2017.

Istanbulreiseleiter: Haus der sieben Türme – Yedikule Festung. URL: http://www.istanbulreiseleiter.de/?p=73. Abgerufen am 10.04.2017.

Jahn, Günter: Der Altstadtmarkt in Braunschweig. Geschichte und Geschichten. Braunschweig 1988.

Jarck, Horst-Rüdiger; Lent, Dieter u. a. (Hrsg.): Braunschweigisches Biographisches Lexikon, 8. bis 18. Jahrhundert. Braunschweig 2006, S. 465.

Kimpflinger, Wolfgang: Denkmaltopographie Bundesrepublik Deutschland. Baudenkmale in Niedersachsen. Band 1.1.: Stadt Braunschweig. Teil 1. Hameln 1993.

Klingemann, August: Kunst und Natur. Blätter aus meinem Reisetagebuch. Braunschweig 1821.

Krause, Heiko: Daten zum ersten Staatsbahnhof Deutschlands. URL: http://www.heiko-krause.de/staatsbahnhof/datenzum.html. Abgerufen am 21.12.2016.

Lechner, Auguste: Die Sage vom Goldenen Vlies. Würzburg 1990.

Lehmann, Wilhelm: Das Gemeinschaftshaus (Roxy) in der Südstadt von Braunschweig. Braunschweig 1993.

Lotz, Erich Walter: Der Wiederaufbau des Gewandhauses in Braunschweig, Sonderdruck aus „Baumeister", Heft 11. München1953.

Luckhardt, Jochen; Niehoff, F. (Hrsg.): Heinrich der Löwe und seine Zeit. Herrschaft und Repräsentation der Welfen 1125–1235. Katalog der Ausstellung. 3 Bände. München 1995.

Lufft, Peter: Braunschweigs Plastiken im Stadtbild seit 1945. Kulturberichte Nr. 6, Kulturamt der Stadt Braunschweig. Braunschweig 1989.

Luther: „95 Thesen". URL: http://www.luther.de/leben/anschlag/95thesen.html. Abgerufen am 21.05.2017.

Mittmann, Markus: Bauen im Nationalsozialismus. Braunschweig, die „Deutsche Siedlungsstadt" und die „Mustersiedlung der deutschen Arbeitsfront" Braunschweig Mascherode. Ursprung – Gestaltung – Analyse. Mit Architektur-Handbuch Siedlungen und Wohnungsbau in Braunschweig 1933-1945. Hameln 2003, S. 126 f.

Mlynek, Klaus: „Otto I. das Kind, Herzog von Braunschweig-Lüneburg". In: Hannoversches biographisches Lexikon. Hannover 2002.

Moderhack, Richard: Braunschweigische Landesgeschichte im Überblick. Quellen und Forschungen zur Braunschweigischen Geschichte, Bd. 23. Braunschweig 1979.

Moderhack, Richard: Braunschweiger Stadtgeschichte. Braunschweig 1997.

Nentwig Heinrich: Das ältere Buchwesen in Braunschweig. Harrassowitz 1901, S. 19.

Nordsieck, Robert und Eleveld, Martina: Die lebende Welt der Weichtiere. URL: http://www.weichtiere.at/Schnecken/land.html?/Schnecken/land/clausiliidae2.html. Abgerufen am 04.01.2017.

Novalis: Schriften. Die Werke Friedrichs von Hardenberg. Erster Band: Das dichterische Werk. Hrsg. von Paul Kluckhohn und Richard Samuel. Stuttgart 1960, S. 502.

Olesch, Bernd: Adolf Just – ein Leben für die Naturheilkunde. Friedrichsdorf 2002.

Ostwald, Thomas: „Braunschweigs skurrile Ecken und andere Merkwürdigkeiten. Folge 14: Warum es in Watenbüttel eine Otto-Bögeholz-Straße gibt. 3. März 2016". In: Der Loewe. Das Portal der braunschweigischen Stiftungen. URL: http://www.der-loewe.info/der-erfundene-heimatdichter/. Abgerufen am 05.03.2017.

Ostwald, Thomas: „Die Kanonenkugel, die wohl niemals flog". In: Der Loewe. URL: http://www.der-loewe.info/die-kanonenkugel-die-wohl-niemals-flog/. Abgerufen am 04.04.2017.

Otte, Wulf: „Heinrich der Löwe in Eisen". In: Braunschweigisches Landesmuseum. Informationen und Berichte. Braunschweig 1987, S. 34-38.

Otte, Wulf; Luckhardt, J.; Niehoff, F. (Hrsg.): Heinrich der Löwe und seine Zeit. Herrschaft und Repräsentation der Welfen 1125-1235. Band 3: Nachleben. München 1995, S. 215-216.

Pingel, Norman-Mathias: „Argonauten-Orden". In: Garzmann, Manfred R.W.; Schuegraf, W.-D. (Hrsg.): Braunschweiger Stadtlexikon. Ergänzungsband. Braunschweig 1996.

Pingel, Norman-Mathias: „Gewandhaus". In: Braunschweiger Stadtlexikon. Braunschweig 1992. S. 88.

Pingel, Norman-Mathias: „Howaldt". In: Camerer, Garzmann, Schuegraf, Pingel (Hrsg.): Braunschweiger Stadtlexikon. Braunschweig 1992, S. 111.

Pingel, Norman-Mathias: „Howaldt, Georg, Ferdinand, Prof." In: Jarck, Scheel: Braunschweigischen Biographische Lexikon. 19. und 20. Jahrhundert. Hannover 1996, S. 291.

Priem, Torsten: „Die Geschichte der Maria-Magdalenen-Kapelle in Braunschweig vom Mittelalter bis zu ihrem Abbruch im Jahre 1955". In: Braunschweigisches Jahrbuch für Landesgeschichte, Band 90. Braunschweig 2009, S. 215-241.

Römer, Christoph: „Faule Mette". In: Braunschweiger Stadtlexikon. Braunschweig 1992.

Ruhlender, Margot: Büketubben: Geschichte der Badekultur in Braunschweig von 1671–1993. Braunschweig 1994, S. 143, 144.

Ruppelt, Georg: Braunschweig, mein Braunschweig. Literarische Annäherungen. Hameln 2004, S. 12 f.

Ruppelt, Georg: „Und daß du so mein Herz gewannst,/ macht bloß weil du so dichten kannst!!" Literarisches Leben des 19. und beginnenden 20. Jahrhunderts im niedersächsischen Raum. Springe 2010, S. 63.

Sack, Carl Wilhelm: „Die Befestigung der Stadt Braunschweig". In: Archiv des Historischen Vereins für Niedersachsen. Historischer Verein für Niedersachsen (Hrsg.), Hannover 1848, S. 226 f.

Schabespuren.de: Wetzrillen am Braunschweiger Dom. URL: http://www.schabespuren.de/wetzrillen/index.php?title=Braunschweig&redirect=no. Abgerufen am 25.04.2017.

Schaub, Hermann: Als Wiedenbrück evangelisch war. Fachwerkfassaden erhellen die Wiedenbrücker Reformationsgeschichte. URL: http://www.lwl.org/westfaelische-geschichte/txt/wz-8473.pdf. Abgerufen am 04.05.2017.

Schwarz, Brigide: „Eine ‚Seilschaft' von Klerikern aus Hannover im Spätmittelalter". In: Quellen und Forschungen aus italienischen Archiven und

Bibliotheken. Band 81. Berlin 2001, S. 256-277.

Schwarz, Ulrich: „Ludolf Quirre (gest. 1463). Eine Karriere zwischen Hannover, Braunschweig und Halberstadt“. In: Braunschweigisches Jahrbuch. Band 75, Selbstverlag des Braunschweigischen Geschichtsvereins, Braunschweig 1994, S. 29-72.

Schwarz, Ulrich: „Ludolf Quirre“. In: Jarck, Horst-Rüdiger; Lent, D. (Hrsg.): Braunschweigisches Biographisches Lexikon – 8. bis 18. Jahrhundert. Braunschweig 2006, S. 459.

Schwarz, Ulrich: „Ludolf Quirre (ca. 1395–1463), Dompropst von Halberstadt. Der langsame Aufstieg eines Bürgers in der Kirche“. In: Freitag, Werner (Hrsg.): Mitteldeutsche Lebensbilder. Menschen im späten Mittelalter. Böhlau 2002, S. 183-202.

Schnell, Rüdiger: Lachen im Mittelalter. URL: https://www.unibas.ch/de/Forschung/Uni-Nova/Uni-Nova-118/Uni-Nova-118-Lachen.html. Abgerufen am: 04.05.2017.

Sommerfeld, Martin: Deutsche Volksbücher. Aufgrund der Erneuerungen von Karl Simrock durchgesehen und mit einem Nachwort herausgegeben. Berlin o.J., S. 328 f.

Spehr, Ludwig Ferdinand: „Brabant, Henning“. In: Allgemeine Deutsche Biographie 3 (1876), S. 227-231. URL: https://www.deutsche-biographie.de/gnd118672908.html#adbcontent. Abgerufen am 23.04.2017.

Spies, Gerd (Hrsg.): Der Braunschweiger Löwe. Braunschweiger Werkstücke. Bd. 62. Reihe B: Veröffentlichungen aus dem Städtischen Museum. Bd. 6. Braunschweig 1985.

Spieß, Werner: Geschichte der Stadt Braunschweig im Nachmittelalter. Band 1. Braunschweig 1966.

Spreckelmeyer, Goswin: „Otto das Kind, Herzog“. In: Braunschweiger Stadtlexikon. Braunschweig 1992.

Stach, Reiner: Kafka. Die Jahre der Entscheidung. Frankfurt, 2. Auflage 2004, S. 85.

Steinführer, Henning: Der Braunschweiger Eulenspiegelbrunnen. Braunschweig 2014.

Vehse, Karl Eduard: Geschichte der Höfe des Hauses Braunschweig, 5. Theil: Die Hofhaltungen zu Hannover, London und Braunschweig. Hamburg 1853.

Vernetztes Gedächtnis: „Besenmänn-chenintro“. URL: http://www.vernetztes-gedaechtnis.de/besenmaennchenintro.htm. Abgerufen am 23.12.2016.
Wagener-Fimpel, Silke: „Stechinelli“. In: Jarck, Horst-Rüdiger; u.a. (Hrsg.): Braunschweigisches Biographisches Lexikon. 8. bis 18. Jahrhundert. Braunschweig 2006, S. 672-73.

Waltershausen, Wolfgang Sartorius von: Gauss zum Gedächtniss. Leipzig 1856; Neuauflage Leipzig 2012.

Wedemeyer, Bernd: Das ehemalige Residenzschloß zu Braunschweig. Eine Dokumentation über das Gebäude und seinen Abbruch im Jahre 1960. Braunschweig 1993.

Wehking, Sabine: „DI 56, Stadt Braunschweig II, Nr. 648(†)“. In: Inschriften.net. URL: www.inschriften.net, urn:nbn:de:0238-di056g009k0064809. Abgerufen am 15.04.2017.

Wex, Reinhold: „Burg Dankwarderode“. In: Camerer, Luitgard; Garzmann, Manfred; Schuegraf, Wolf-Dieter (Hrsg.): Braunschweiger Stadtlexikon. Braunschweig 1992, S. 52.

Wille, Klaus-Dieter: „Der Brand des Braunschweiger Schlosses am 23. Februar 1865. Ein Augenzeugenbericht“. In: Der Herold. Vierteljahrsschrift für Heraldik, Genealogie und verwandte Wissenschaften. Neue Folge Bd. 19, 58. Jg. 2015, Heft 3-4, S. 230-238.

Wimmer, Walter: Schnecken entdecken mit Victor von Koch (1840–1915). Braunschweig 2009. Braunschweigische Landschaft im Blick. Bd. 7.

Wimmer, Walter: Victor v. Koch – Den Schnecken auf der Spur. Braunschweig 2002.

Wunderlich, Wilhelm M.: „Amsberg“. In: Jarck, Horst-Rüdiger; Scheel, G. (Hrsg.): Braunschweigisches Biographisches Lexikon. 19. und 20. Jahrhundert. Hannover 1996, S. 27.

Wunderlich, Wilhelm M.: Die erste deutsche Staatseisenbahn. Braunschweig-Wolfenbüttel. Cremlingen 1987

Bildnachweis

S. 9, Fotograf: Thomas Wessolowski

S. 16 Stadt Braunschweig / Sven Storbeck

S. 41 BLSK/Andreas Rudolph

S. 96: Fotograf: Thomas Wessolowski

S. 112: Fotograf: Wikipedia-Benutzer Brunswyk

S. 181 + 182: Fotograf: Thomas Wessolowski

Haftungsausschluss

Trotz intensiven Austauschs mit unseren Gesprächspartnern, gewissenhafter Literaturrecherche und aufmerksamem Korrekturlesen erheben wir weder einen Anspruch auf Vollständigkeit noch auf Fehlerlosigkeit. Wir haben streng darauf geachtet, keine Urheberrechte zu verletzen, unsere Recherchen sind nach bestem Wissen und Gewissen erfolgt. Dennoch übernehmen wir keinerlei Gewähr für die Aktualität, Korrektheit oder Vollständigkeit der bereitgestellten Informationen. Haftungsansprüche gegen uns schließen wir grundsätzlich aus.

SIE WOLLEN NOCH MEHR ÜBER

Braunschweig

WISSEN?

Hier gibt es sachkundige Informationen:

Braunschweigisches Landesmuseum – Museum Hinter Aegidien
Dauerausstellung zur jüdischen Geschichte und Kultur sowie Sonderausstellungen. Die mehr als 1000 Objekte zählende Judaica-Sammlung gehört zu den bedeutendsten in ganz Deutschland. Im Mittelpunkt der sanierten Räumlichkeiten des ehemaligen Benediktinerklosters St. Aegidien steht die barocke Inneneinrichtung der Hornburger Synagoge.
Hinter Ägidien,
38100 Braunschweig
Buchungsservice:
Telefon: 0531 1225 – 2424
E-Mail:
buchung.blm@3landesmuseen.de
Öffnungszeiten:
Di – Fr von 11 bis 18 Uhr
Homepage: https://3landesmuseen-braunschweig.de/braunschweigisches-landesmuseum

Elke Frobese
Zeitreisen-Kostümführungen über Frauen in der Geschichte Braunschweigs, historische Stadtführungen, Themen- und Kinderführungen und mehr.
Stauffenbergstraße 2A
38116 Braunschweig
Telefon: 0531/514861
E-Mail: elke.frobese@t-online.de
Homepage:
www.zeitreisen-braunschweig.de

Dr. Matthias Hansmann
Domführergilde :Öffentliche und private Führungen, Schwerpunktführungen
Telefon: 0531 24335-0
Homepage: www.braunschweigerdom.de

Andrea Kienitz
Historikerin, Stadtführerin in Braunschweig und Wolfenbüttel, Überblicks- und Themenführungen (zum Beispiel Frauen, Musik, Lessing und vieles mehr.)
E-Mail: Andrea.Kienitz@t-online.de

Heiko Krause
Informationen zum ersten Staatsbahnhof Deutschlands in Braunschweig
Juliusstraße 31 f
38118 Braunschweig
Telefon: 0531/82398 (19:30-20 Uhr)
E-Mail:
Info@staatsbahnhofbraunschweig.de
Homepage:
www.staatsbahnhofbraunschweig.de

Gerold Leppa
Wissenswertes über Braunschweig, attraktive Veranstaltungshöhepunkte, spannende Stadtführungen und schöne Geschichten aus der Löwenstadt gibt es bei der Braunschweig Stadtmarketing GmbH online.
Touristinfo:
Kleine Burg 14,
38100 Braunschweig.

Homepage:
www.braunschweig.de/online

Bärbel Mäkeler
Bärbel Mäkeler bietet Stadtführungen durch die noch erhaltenen 1950er-Jahre an. Des Weiteren können Bilderschauen über die Fünfziger sowie über Kunst im öffentlichen Raum in Braunschweig gebucht werden. Telefon: 0177 565 1716
E-Mail: b.maekeler@text-support.de
Homepage: www.text-support.de

Peter Matuschak
Touren zu Fuß durch Braunschweig oder mit dem Fahrrad durch das Braunschweiger Land. Besonderheit: „Braunschweig im Sitzen", wo Gäste den Geschichten bequem auf einer Sitzgelegenheit folgen können.
Telefon: 0157/30725504
E-Mail: ichmatu@gmx.de
Internet: www.instagram.com/der_bs_stadtfuehrer/

Thomas Ostwald
Spezial-Kostümführungen Schloss Richmond, Nachtwächtertouren, Henkertour, Krimi-Touren zu Fuß und Krimi-Lesungen auf der Oker, Segway-Touren in Braunschweig. Spezialtour „Braunschweig is(s)t lecker" mit kulinarischen Kostproben, u. a.
Telefon: 0531 35 29 60 (AB)
Homepage:
www.tatort-braunschweig.de,

Inka Schlaak
Heimatpflegerin von Rüningen
Kennerin der lebendigen Stadtgeschichte Braunschweigs
Mail: inkaschlaak@outlook.de

Publikationen:

Arnhold, Elmar: Mittelalterliche Metropole Braunschweig: Architektur und Stadtbaukunst vom 11. bis 15. Jahrhundert. Braunschweig 2018.

Arnhold, Elmar: Braunschweiger Plätze in Geschichte und Gegenwart. Braunschweig 2021.

Arnhold, Elmar: Braunschweigs Brücken an den Oker-Umflutgräben. Braunschweig 2023.

Mäkeler, Bärbel: Von Flugdächern und Zugvögeln – die Fünfzigerjahre im Stadtbild Braunschweigs. Braunschweig 2014.

Mäkeler, Bärbel: 1.000 Tage Savoy – eine Dokumentation. Braunschweig 2021.

Isolde Helling weiß, welche Madame hier einst entlangfuhr.

41

Madamenweg

Der Pfad zum Schlösschen der Liebe

Man nannte sie Madame Rudolfine, obwohl sie so eigentlich nicht hieß. Ihr richtiger Name war Rosine Elisabeth Menthe (1663-1701) und sie war erst 18 Jahre alt, als sie den 54-jährigen Herzog Rudolf August (1627-1704), Herzog zu Braunschweig-Lüneburg und Fürst von Braunschweig-Wolfenbüttel, 1681 in morganatischer Ehe heiratete, das heißt, zur linken Hand. Diese Form der Eheschließung erlaubte es Menschen unterschiedlichen gesellschaftlichen Standes den Bund der Ehe zu schließen. So ganz gepasst hat das dem Herzog aber nicht, weshalb er betonte: „Eine rechte Liebe wolle auch eine rechte Hand haben, und solle sie seine rechte Gemahlin seyn." Auf diese charmante Weise versuchte er vielleicht, den rechtlichen und gesellschaftlichen Mangel, den eine Ehe zur linken Hand mit sich brachte, wettzumachen.

Als die beiden heirateten, war die erste Gemahlin des Herzogs, Christiane Elisabeth von Barby (1634-1681), erst vor wenigen Wochen verstorben, und Rosine Elisabeth Menthe war ihre Zofe gewesen. Mit dieser ehemaligen Zofe hat der „Madamenweg" zu tun, das ist eine rund vier Kilometer lange Straße, die sich im westlichen Ringgebiet befindet. Die Braunschweigerin Isolde Helling erzählt die Geschichte von Madame Rudolfine, die eigentlich Rosine heißt. „Die Straße selbst gab es schon länger", sagt sie. „Aber erst ab 1695 wurde sie Madamenweg genannt." Anfangs allerdings noch nicht offiziell: „Die Bevölkerung nannte den Weg aufgrund der nicht standesgemäßen Heirat des Herzogs zunächst nur scherzhaft so." Denn Madame Rudolfine und der Herzog fuhren hier oft entlang, wenn sie vom Grauen Hof, der Residenz in Braunschweig, zu ihrem Schlösschen im Westen wollten. Herzog Rudolf August hatte es ihr als Sommersitz geschenkt: Er hatte seiner Liebsten die Wasserburg in Vechelde 1695 zu einem Landschloss umbauen lassen.

Im Braunschweiger Adressbuch findet sich der Madamenweg seit 1860 – und er wird vielleicht auch so genannt, weil Rosine nie in den Adelsstand erhoben wurde, die Anrede „Madame" bezeichnete eine Bürgerfrau. „Entstanden war diese Straße um 1400 als Verbindung vom Hohen Tor zur alten Heer- und Handelsstraße", erzählt Isolde Helling. Seit dem Mittelalter hatte sie eine große Bedeutung als Verbindungsstraße vom östlich Braunschweigs gelegenen Magdeburg nach Hildesheim im Westen. Eine große Bedeutung hatte der Weg dann auch für den Herzog und seine Frau, die immer eine Madame blieb. Schließlich führte er ins Glück.

Eva-Maria Bast

So geht's zum Madamenweg:

Er erstreckt sich im Westen zwischen der Hannoverschen Straße und der A 391.